楽しくわかる　深く学べる

『ともに学ぶ人間の歴史』ガイド

JN120759

問いを生み出す授業づくり
歴史の中の子ども・女性・庶民
学習のまとめ＝時代像を描く
授業ブックレットセレクション

楽しくわかる 深く学べる 「ともに学ぶ人間の歴史」ガイド

━━━━━ 目　次 ━━━━━

＊　注　＊

現行版：2015 年　検定合格本
　　　　2021 年 3 月まで学校で使用
改訂版：2020 年　検定合格本
　　　　2021 年 4 月から学校で使用

掲載している教科書ページは
『ともに学ぶ人間の歴史』より引用

学びの起点となる歴史教科書へ

「学ぶ会」代表　安井 俊夫

教科書は「教師用」か

　歴史教科書は、そのページで取り上げるテーマ（例えば沖縄戦）について、その内実を示す主な事実を重点的に説明する。教科書が分厚くなるのを避けるため、事実の理解に必要なことを簡潔に描くことになる。

　だがこの「主な事実」とか、「必要なこと」は、教える側（教師）の、そのテーマに関する理解の仕方・考え方、つまり教師側の論理によって決められるのであって、それを学ぼうとする子ども側の「学びかた」を踏まえてはいない。つまり教科書は、教師が何をどう教えるかを描いた「教師用図書」になっている。

　本書『ともに学ぶ人間の歴史』は、これを教科書本来の姿である「子ども用図書」に大きく転換させようとしたものである。

学びの起点＝問い・疑問

　教科書が「子ども用図書」であれば、子ども側からの学びの起点になることが求められる。起点となるためには、子ども側から問いや疑問が生れるかどうかが問われる。

　沖縄戦は、アジア太平洋戦争の学習で重視すべきテーマである。だが重視すべきと認識しているのは教師側であって、子ども側は必ずしもそうではない。沖縄戦について「知らない」場合すら多い。だから、子ども側からそれを学ぼうとする問い・疑問が出やすい素材（教材）を導入として設定すべきである。本書では沖縄戦の導入として対馬丸事件を描いている。

　1944年8月、米軍の攻撃が迫る沖縄から疎開するため、780人の国民学校の児童を乗せた対馬丸が長崎に向かったが、米軍潜水艦の魚雷攻撃で撃沈され、子どもたちは夜の暗い海に投げ出された。だが教科書は、記述の最後に「日本の護衛

艦もいましたが、そのまま北進していきました」とつけ加えている。

護衛艦はなぜ救助しないのか

　沖縄戦授業の冒頭に、この事件を提起されて、子ども側から必ず出てくる疑問は、「護衛艦がそのまま北進」したことに対してである。「なんで子どもたちを救助しないのか」「護衛するためにいたのだから、北進なんておかしい」など、質問というより詰問に近い。教科書側注には、海に投げ出された4年生の子どもの証言もあるため、問う側にも切実さが感じられる。

　護衛艦が救助活動をしなかったことについて、大城立裕氏は、護衛艦側には次のような判断があったのではないかとしている。

・闇の中での救助には探照灯が必要だが、これは（敵潜水艦の第二次攻撃を容易にして）危険だ。

・対馬丸は他の2隻と船団を組んでいた。救助活動しているうちに他の2隻が攻撃される恐れがある（大城立裕『対馬丸』講談社文庫）。

　子どもたちを助けるか、船団の護衛という任務を遂行するか。護衛艦は前者を棄てて、後者に全力を注いだ。これを知った教室の子どもたちは、沖縄では軍隊は子ども（住民）を守らないのか、という疑念を抱くことになる。

　米軍が沖縄を実際に攻撃してきたら、その時、軍隊は住民を守るはずだ。でも実際はどうなのだろう。このように見てくると、この疑念は沖縄戦を学ぶ有力な起点となるだろう。

潜水艦はなぜ疎開船を攻撃したのか

　もう一つ子どもの疑問は、なぜ米潜水艦は子どもが大勢乗っている疎開船を攻撃したのかという点である。「子どもが乗っていることを知って攻撃したのか」「潜水艦からは、船の乗客が子どもだとわかっていたのか」など、潜水艦側への疑問が出てくる。米潜水艦は、疎開船（普通の客船）と認識して、突っ込んでいえば一般住民への攻撃と意識していたのか。

　この点について大城前掲書は、潜水艦側は「疎開学童を乗せた徴用船とは知らず」としている。だが「じつは対馬丸には、軍人、軍需物資が搭載されていて」

と記している。つまり対馬丸の子どもたちは、軍隊・軍需物資と同居する形で乗船していたのだった。

そうすると教室では、米軍が上陸してきたとき、子ども（住民）たちの姿が見えても、そこに日本軍がいれば、攻撃してくるのかと疑問を持つ。つまり沖縄戦が始まれば、子どもや住民も攻撃されるのかという問いが、子ども側に生じてくる。

これは「沖縄戦では子どもや住民はどうなるのか」という問題意識となり、有力な学びの起点となるだろう。

鉄の暴風―惨状を想像する

沖縄戦での米軍の攻撃は「鉄の暴風」と称される熾烈なものだった。海上からは、1000隻を超える艦船からの艦砲射撃が町や村に炸裂する。空からも爆弾が降り注ぎ、地上戦では戦車まで疾走し、火炎放射器でガマや壕に隠れる兵士・住民を襲う。陸・海・空からの無差別攻撃が展開する。

だが教室で子どもたちが注目するのは、鉄の暴風の熾烈さばかりではない。その渦中に巻き込まれた子どもや住民の姿である。導入段階で暗い海に投げ出された子どもの証言と重なり合い、「暴風」下の人びとの惨劇をあれこれ想像してしまう。「戦争になると子ども（住民）たちはどうなるのか」と感じていただけに、米軍の攻撃を「ひどい」と感じるだけでなく、どうしても人びとの姿を思い浮かべてしまう。

この惨劇・苦難を想像するという子ども側の営みは、「ガマが近くにあるだろうか」「子どもは恐怖で動けないだろう」など、一人ひとりが異なった情景を思い浮かべる。イメージは個性的で多様であり、それだけに沖縄戦の事実を主体的に認識することになる。

沖縄の日本軍とは

さらに教室では、対馬丸撃沈の際の護衛艦の問題に関連して、「護衛艦は（軍隊は）子ども（住民）を守らないのか」と疑問が出されていた。本書では、住民との関連での日本軍の行動を、次のように記している。

・ガマでは住民は食料を出させられた。

・ガマにいた赤ん坊が外に出させられた。

・捕虜にはなるな。米軍は鬼畜だから捕まったら残虐な目にあう。帝国臣民として死を選べ、と教えられた。最後には玉砕を決意して、住民に手榴弾を配った。

・情報を米軍に漏らしたと疑われた住民が、日本軍に殺害された。

　以上の事例を見れば、軍隊は子ども（住民）を守らないのかとの問いに真正面から答えるものであるため、教室はざわつく。

　さらに本書は「集団自決」も事例を挙げているが、これこそは住民を守るどころか、「日本軍による強制・関与」によって自決さえ強要されたとされるものだ。

日本軍の強制・関与

　だが本書では「強制・関与」という言葉では記述せず、座間味島の集団自決犠牲者135人中12歳以下の子ども55人、女性57人という実態、さらに側注には肉親が家族に手をかける情景を描いている。

　米軍の攻撃のさなか、子どもが「自決」するだろうか。これは親が何としても守り抜きたい子どもの生命を、自らが手をかけて断つという想像を絶する事態なのだ。住民はそういう地点にまで追い込まれていたというほかない。

　本書の記述は、そこへ追い込んだものは何かという問いかけである。「強制・関与」という言葉で実態を説明するのではなく、子ども側が自らの追求で、その地点に行きつけるように想定したものだ。

なぜ沖縄戦をやったのか

　ここまで来ると、子ども側からはさらに問いや疑問がでてくる。「日本は何のために沖縄戦をやったのか」「沖縄戦なんかやる意味があったのか」等々。

　米軍が沖縄に攻めてくる。島々と住民を守るために戦うというのであれば、戦争目的は明快だ。が、そうではないことがこれほど明らかになれば、日本軍の目的はいったい何だったのか、という問いは必至である。

　本書はページの最後にカコミ記事を置き、「米軍を少しでも長く足止めし、日本本土の防衛の時間稼ぎをしよう」とする作戦だったと述べている。

これは教科書記述をもとに教師側の説明になる。だが、子ども側は沖縄戦の目的を問い、何かを追求しようとしているため、説明を自らの関心で、主体的に受け止め、次いで「時間稼ぎ」に対するさらなる問い・疑問を抱くのではないか。

　描かれている事態に対して、何か感じる、問いや疑問をもつ。それは子ども側からの学びの起点となることは間違いない。歴史教科書はそのことを実現するものでなくてはならない。

(13) 荒れ狂う鉄の暴風 ―沖縄戦―

鉄の暴風の中で、住民にどんなことが降りかかってきたか。そのとき日本兵はどんなことをしたか。

対馬丸の生存者平良啓子（国民学校4年生）の体験から

「おかあちゃーん、助けて」「先生どこにいるの」いろんな声がとびかっていた。従姉は私に、海に飛び込めと叫んだ。暗い海では小さなイカダを奪いあっていた。私は、これに何とかもぐり込んだが、従姉の行方はわからなくなった。

■ 暗闇の海に沈む子どもたち

　1944年8月、沖縄の国民学校の子どもたち780人が、軍用船の対馬丸に乗って長崎に向かいました。アメリカ軍（米軍）の沖縄への攻撃が迫ってきたため、学童疎開が始まったのです。

　しかし、米軍潜水艦の魚雷攻撃で対馬丸は沈められ、子どもたちは暗い夜の海に投げ出されました。救助されたのは、わずかな子どもたちだけでした。日本の護衛艦もいましたが、そのまま北進していきました。

『ともに学ぶ人間の歴史』p.238 より

問いを生み出す中学歴史教科書

「学ぶ会」副代表　山田　麗子

より学びやすい教科書をめざして

　2015年、学び舎中学歴史教科書は検定に合格し、翌年から、採択校での使用が始まった。それから4年間、私たちは教科書の内容を深め、より多くの子どもたちにとって学びやすいものにするための取り組みを重ねてきた。

　その一つが、地図やグラフをカラーバリアフリーにすることだった。色覚特性をもつ人の色の見分けにくさを体験できるメガネをかけて、すべての地図やグラフを点検して色やマーク、線のスタイルなどを変えた。編集担当はみな教員経験者なので、「この発問をしたら、さまざまな色覚特性をもつ生徒が読み取れるだろうか」などと話し合いながら実証し、変えていった。

　そのころ、ランドセルや通学カバンが重く、子どもの負担になっていることが報道され、社会問題となっていた。これに対しては、用紙の重量の研究を始めた。また、内容の精選を図り、本編はテーマを統合して113テーマとし、年表などもページを縮小した。しかし、内容はむしろ濃く、分かりやすくなったと自負している。このような内容と用紙の見直しの結果、教科書の重さを20%以上軽くすることができた。

人びとの姿や社会の課題が見える図版

「学び舎の教科書には今まで見たことがない写真が載っている」という言葉をいただいてきた。執筆者が授業のために探した写真から、手ごたえのあったものを厳選したためである。特に見開き2ページを1テーマとし、その冒頭に置いたメインの図版は、発見や疑問がたくさん出るようなものにしてきた。改訂版でも、さらに子どもの関心を喚起する図版になるように、授業を想定して見直しをした。

一例として、3章（3）「荘園の人びと」のメイン図版『粉河寺縁起絵巻』をあげる。この絵巻は、よく教科書に掲載されるものだが、改訂版では、「年貢（公事）を納める人たち」の場面を大きくして、長唐櫃の中のものや差し出しているものが何かを予想できるようにした。絵の人びとの表情も分かるようにし、生徒に貧富さまざまな人たちがそれぞれ何を言っているか、思っているかを想像させる活動ができるようにした。

　さらに左下の公事を納める場面を見ている男性に注目させたい。この男性は、公事を納める場面をどのような思いで見ているだろうか。一般的には、この部分は省かれることが多いが、これを入れることで、荘官の執事の前の姿だけでなく、さまざまな人びとの心情を想像することができる。保元・平治の乱の後、領主のより強い従属の下に置かれるようになった地域社会の様相がうかがえる。

　このように図版を観察することで、当時の人びとの姿や社会の課題が浮かびあがり、その時代への関心が高まることを期待した。

主体的な学習を育む記述

　子どもが主体的に学ぶ学習は、長く歴史教育の課題だった。中学の地理や公民と比べても、歴史の授業は教師の説明が中心になりやすく、語句の暗記に陥りやすい。学び舎教科書の執筆者たちもこうした悩みを抱えながら、子どもたちが目を輝かせる授業づくりを追求してきた。

　子どもたちが身をのりだして何か言いたくなる、わが身にひきつけて考えてしまう、歴史と今のつながりが見えてくる、そのような授業づくり研究の長年の蓄積と、何度にもわたる討論の中から、学び舎教科書は生まれた。

　改訂版でも、疑問や問いを引きだし、時代のイメージを描けるように記述の再検討を行った。一例として1章（3）「ピラミットの謎」をあげる。巨大なピラミッドをどのように造ったのか、王と王に従う人びとの生活はどのようなものだったのか、ピラミッドは子どもたちの興味が尽きない題材だ。改訂版では、歴史研究に学び、古代の人びとをより身近に感じる内容を入れた。

　具体的には、ピラミッド建設に携わった人びとが住んだ都市のようすや、専門分野に分かれた労働、支給された食事などについて記述した。また、側注には、

古代エジプトの人びとの手紙や役人になるための教科書を載せて、当時の人びとの価値観に触れることができるようにした。

　さらに囲みには、2017年、名古屋大学などの国際研究チームが、最先端の透視装置を使って、ピラミッド内部に未知の巨大な空間を発見したことを紹介した。物理学や工学などの専門家もピラミッドの謎に迫っている。さまざまな分野に関心をもつ中学生の学ぶ意欲を高めることができるように紙面を工夫した。

学び、考え、行動する子どもたち

　具志堅隆松さんは、沖縄戦で亡くなった人たちの遺骨を収集する活動を続けてきた。改訂版の冒頭のページ「6月23日、沖縄で」には、具志堅さんの活動に参加した高校生が登場する。土を払って骨を集めた高校生は、「戦争は終わっていない」と感想を述べている。

　具志堅さんは「小学生が発掘現場に来てくれたことが嬉しかった」と語っている。その写真も改訂版に載せた。一般的には、小学生が人の骨に接するのは難しいと考えられがちだ。しかし、小学生は「遺骨の人の名まえはわからないのですか」と質問した。小学生は、遺骨の人の在りし日の人生に思いを寄せたのである。このように歴史と出会い、過去のできごとを想像する力こそが、歴史学習の源となるだろう。

　教科書には多くの子どもが登場する。働く子ども、育ちにくかった子ども、戦火の中の子ども。中学生は、歴史の中の子どもの姿に接して、親近感をもって学ぶことができる。また、各時代の学校教育のようすや教科書の内容からは、国家や社会がどのような方向に向かっていたかに気づくことができるだろう。

　戦後では、食糧メーデーや子供議会などで発言、行動する子どもたちを描いたが、改訂版では、核廃絶を目指して署名活動を続ける高校生、不当なアルバイトに泣き寝入りせずに労働組合を結成した高校生たちについても新たに記載した。

　10章の扉では、社会の課題に取り組む世界の子どもたちを取り上げた。銃の規制を全米に訴える行動の先頭に立ったエマ゠ゴンザレスさんや、高校生で市議会議員になったデンマークのラッセ゠H゠ピーダセンさんなどである。日本でも18歳選挙権が実現した。子どもを主権者として、学ぶ力を尊重した教育が求め

られている。

人びとの姿から戦争を学ぶ

　1920 年代から、1945 年までの 9 章「第二次世界大戦の時代」には多くのページをあてている。戦争の学習は生徒に衝撃を与え問題意識を呼び起こす。一方で、戦争は生徒の日常から遠く、目を背けたい生徒も少なくない。しかし、体験者の証言や人びとの姿には、生徒を引きつける力がある。教科書には、戦争証言や人びとの姿を多く入れてきた。改訂版では、9 章（11）「餓死、玉砕、特攻隊」で、特攻出撃した少年飛行兵・荒木幸雄を新たに取り上げた。

　戦局の悪化の中、幸雄たち少年飛行兵は基礎教育を省かれ、一日も早く戦地に行くための訓練を受けた。航空技術者になる夢をもっていた幸雄は、17 歳で、沖縄に出撃し特攻死した。

　出撃前に子犬を抱く幸雄のあどけない表情から、生徒たちは何を感じるだろうか。人びとの姿を通した戦争学習は、なぜこのようなことが起きたのかという思いを生徒に呼び起こさせ、さまざまな疑問や問いを生み出すことだろう。

　教科書では、世界情勢と戦争の経過を縦糸に、人びとの姿や証言を横糸にして、戦争の時代を描いた。生徒が戦争を生み出す社会や経済、政治のしくみについて考えを深め、現在の日本と世界を見る力を培ってほしいと考えている。

多様な人びとの思いを重ね合わせる

　今日、世界では、ナショナリズムが強まり、緊張が高まっている。東アジアの歴史認識問題も解決に向かっていない。こうした中、多様な人びとの思いを重ね合わせて、広い視野で歴史を学ぶことがますます大切になっている。

　学び舎教科書は世界史を広く扱い、中国や朝鮮・韓国など東アジアに多くのページをあてた。北海道、沖縄の視点を充実させ、例えば年表の時代区分も「北海道など」「本州など」「沖縄など」と分けて、さまざまな地域で独自の生活や文化があった事実を尊重できるようにしている。先住民も歴史の主体として登場する。

　一方、2019 年の日本の男女格差指数は 153 カ国中 121 位（WEF）と低く、依

然として男女平等が進んでいないことを示している。差別の壁は就職、職場、家庭のあり方など、さまざまな面で子どもたちの未来に立ちふさがっている。女性が生きづらい社会は、人が個人として尊重されない社会である。学び舎教科書は、女性を歴史の主体として、その働き、学びと創造、たたかいや運動などを多くのページに記載した。

　教室の生徒たちが、『ともに学ぶ人間の歴史』をともに学ぶ中で、個人として尊重しあえる社会について考えを深めることを願っている。

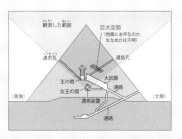

『ともに学ぶ人間の歴史』p.17より

伎楽面で学ぶ奈良時代の文化

安井 俊夫

1　なぜ伎楽なのか

　奈良時代の文化といえば、「天平文化」にほぼ集約される。8世紀半ば、大仏建立のころがそのピークとみられる。その文化的遺産は、正倉院宝物として現代に受けつがれていることは周知のとおりである。

　一方、正倉院に所蔵される宝物のなかには、シルクロード経由のものもある。そこでシルクロードと関連させながら、大仏建立の時期の文化を見ていく授業を構想するために、正倉院の宝物を教材にすることを考えた。教材は、問いや疑問を引き出しやすいものが求められるが、宝物という具体物はそれにふさわしい。

　正倉院宝物を見るには、米田雄介・杉本一樹編『正倉院美術館』(講談社) がある。調度、飲食器、仏具、楽器・舞楽器など9項目に分けて紹介されているが、一見してわかりやすく、興味が持てるのは楽器・舞楽器だろう。

　この中でも伎楽の面は、興味を引く姿・形をみせていて、異様なものと感じたり、この面をつけて何をするのだろうと、追求の目を持ちやすいものが多い。教科書44ページの伎楽面は、それらの中から選んだものだが、どんな面なのか、前出『正倉院美術館』の解説を見る。

2　さまざまな伎楽面

○獅子：「舌は肉厚で、先端を反り返らせた生々しい感じさえする表現で、内面にベタ付けにせず、口腔の奥の高い位置から伸び出てくるように付けられており、口を大きく開けたときに、ダイナミックな視覚的効果を生む。……両眼を怒らせ、唇は捲れあがって歯牙をむき出し、そのひとつひとつが誇張された彫り口で……迫力に富んだ魅力ある作品」

○バラモン僧：「顔面は彩色。(古代インドでは) 上流階級の婆羅門 (バラモン)

は、伎楽で滑稽な役割の面」

○酔った西アジアの王：（原文は「酔胡王」胡はペルシアのこと）

　　　「酔胡王とは、酔っぱらった胡人、すなわちペルシア人の王様のことで、
　　　酔胡従と呼ばれる六人あるいは八人の従者を引き連れて登場する。アーリ
　　　ア人を思わせる高い鼻と、彫りの深い目鼻立で、身分にふさわしく丈高い
　　　豪華な冠を戴き、鼻下と頬から顎にかけてヒゲをたくわえている」

3　踊る酔胡王

　これらの面をつけた演者たちは、それぞれが、そして集団としてどのような所
作・演技をくりひろげたのだろう。天平時代の記録はないが、のちに『教訓抄』
（1233年）によって、次のように伝えられている（荻美津夫『古代音楽の世界』
高志書院による）。

・まず露払い役を先頭に、笛、鉦盤（シンバル）、鼓の奏楽者が登場。続いて伎
　楽面を付けたものたち─獅子、婆羅門、酔胡王、酔胡従、力士、金剛等々13
　〜14種の役者が行進する。
・最初は獅子舞で、二人の獅子児にひかれた獅子が、戯れて頭を擦り寄せたり、
　高く飛び上がったり、地を這ったりなどの動作を繰り返す。
・獅子たちが下がると、羽扇をもち笛を吹きながら舞う「呉公」の演技があり、
　同時に「呉女」が笠で顔を隠して、しとやかに歩む。そこへ金剛や力士たちも
　出てきて舞う。
・続いて婆羅門が登場。徳の高い僧として装束は華美。それが襁褓（むつき＝お
　しめ）を洗う仕草をして滑稽さを演ずる。
・再び「呉女」が進み出て舞うと、「崑崙」（獣の耳をした胡人風）が、これに近
　寄り、懸想する仕草をする。すると、力士と金剛が怒り、崑崙を懲らしめる。
・すると、「大孤父」と名のる男と二人の孤児が登場。孤児を抱えた男が生活に
　疲れ、頼るべく何ものもなく、ついに仏門に帰依する様を舞う。この場面だけ
　が他の場面と異なった様相が現出する。
・最後は酔っぱらいの酔胡王が8人の家来─酔胡従を引き連れて現れ、酒宴と酔

余の態を演じて大騒ぎとなり、その愉快な気分のうちに、笛、鉦盤、鼓が奏でる音楽とともに締めくくられる。

4　大仏開眼と伎楽の演奏

　では、以上のような伎楽は、①どんなときに、②どこで、③何のために演奏・演技されたのか。新川登亀男「伎楽と鎮護国家」(『大系 日本歴史と芸能2』平凡社) は、次のように述べている。

　「伎楽の歴史において、天平二、三年 (730, 731年) はやはり一つの節目になる。この頃聖武天皇は、伎楽面をはじめとする伎楽ひとそろいを平城京の大寺 (大安寺、薬師寺など) や筑前国観世音寺などに勅施入したのである。その後、東大寺を加え、南都の西大寺、法華寺、秋篠寺の各寺……でも催された」

　という解説を聞くと、この時代の伎楽は伎楽面、楽器、役者などで形成する独自の集団 (劇団?) というよりも、寺院に施入され、そこに所属する演技集団だったと見られる。そして、寺院の行事などに際して演じられ、この時代の最大の仏教行事、というよりも国家的一大行事というべき大仏開眼に際しては、当然その役割を果たしたと言えるはずだ。上記新川論文によると、以下のように指摘されている。

　「後期伎楽 (聖武天皇時代以降の伎楽) は、とりわけ寺院でくりひろげられて、仏教音楽・芸能の色合いが濃い。それは東大寺大仏開眼供養会や、天皇の寺院行幸に随時行われるとともに、恒常的には四月八日の仏生会、そして安居結願の七月十五日……などに催されることが多かった」

5　伎楽と鎮護国家

　つまり、大仏開眼供養の儀式に際して、そこにこめられた「国土の平安」(鎮護国家) を実現するために、伎楽が一定の役割を果たしていたと見ることができる。この時代の仏教は、まさに鎮護国家の考えで進められていた。鎮護国家の考

えは、中学生に抽象的思考を強いることになるが、伎楽であれば役者の演技—目に見える対象で考えることができる。

　だが大仏開眼儀式などで伎楽の演技が果たす役割とはどんなものと見られているのか。荻氏は前出の著書で、伎楽の役割をこう述べている。、

「これらの伎楽が寺院で奏された意義は、必ずしも明確ではないが、伎楽の有する異国性の中に、脱現世の世界を創り出し、その世界での笑いをともなうパフォーマンスを見せることによって、仏教への理解を深めさせようとしたのであろう」

　伎楽のもつ「異国性」「脱現世」を浮上させ、笑いのパフォーマンスで仏教への理解を導くという指摘である。一方、新川氏は前出論文で、伎楽が人びとを仏教へ導く役割として、音、音楽を取り上げて述べている。

「注目されるのは、六十人の鼓撃（つづみうち）がいたこと、また「雷皷振而響天」とさえ伝えられていることである。……伎楽にとって最も重要な楽器が皷の類であったことは間違いない。その皷（鼓）が雷のように天に響きわたったというのであるが、そのことを特筆した『東大寺要録』は、ただ楽器の効用を述べたのではなく、その大きくはげしくおりかさなる鼓の響音に何らかの意味を求めていたからに他なるまい」

　伎楽面をつけた役者は、次々と「異国性」で「脱現世」の演技を繰り広げて、見る者たちの興味を引き付けるが、その演技と同時に六十人が鳴り響かせる鼓の大音響の世界のなかで、当時の人びとは何を感じたのだろうか。仏教の持つ圧倒的な力を身に受けることが期待されたのではないか。

6　「奈良時代の文化」の授業へ

　聖武天皇のころは、対外的には唐、新羅、渤海との課題を抱え、国内では凶作、飢饉、疫病（天然痘）に悩み、そのうえ地元大和や河内は大地震に襲われた。こ

のような課題を担っているとき、大仏開眼儀式は、仏教の持つ偉大な力を国内外に示して「国土の平安」を実現しようとしたものとみられる。

　この時代の文化を、このような時代的要請との関連で扱うとすれば、それは仏教文化が中心となり、聖武天皇が力を入れた正倉院の宝物、とくに大仏開眼儀式に際して演じられた伎楽面は有力な素材となるはずだ。

　伎楽は、大仏開眼儀式に際して催されたものだから、授業はまず、その儀式を見ることから始める。①その規模。僧や尼が何人くらい参加したのか（教科書記述：1万人）②参加した外国はどこか（同上：唐、新羅、インド）③儀式の最高潮の場面「開眼」は誰が行ったのか（同上：インドの僧）④儀式の盛大で華やかな状況を解説（早川庄八『日本の歴史4　律令国家』小学館など）。

　これら儀式の状況を見たうえで、このとき演じられたのが冒頭図版の仮面をつけた伎楽だったとして、どんな演技だったのかと課題を設定する。

（1）まず伎楽面を詳しく見ていこう。

　・4つの面を一つずつ取り上げて、「どんな感じを受けるか」聞いていく。

　・婆羅門、酔胡王など、顔つきの印象を聞くと、「人びとが恐れるだろう」「海外から来た者たちだろう」という印象が多いだろう。

（2）これらの面をつけて、どんな演技をするのか、予想してみよう。

　・「正解」は、前述の通りだが、予想と全く異なるのは婆羅門。「襁褓を洗う仕草」が正解と紹介される意外性が面白い。

　・冒頭図版の4仮面以外の、力士と金剛の「懲らしめ」や生活に疲れた男、さらに60人の「鼓撃」による大音響も紹介する。

（3）このような伎楽は、なぜ大仏開眼儀式に際して演じられたのか、

　・開眼儀式と伎楽演奏・演技をどう結び付けるか。国土の平安を願う一環だったのか。学習者の考えは様々でいい。大仏開眼儀式との関連で、伎楽という文化を考えて、印象づけられればいいのではないか。

「バラモン僧」
（正倉院宝物）

「酔った西アジアの王」
（正倉院宝物）

「西アジアの王の家来」
（正倉院宝物）

１伎楽の面「獅子」
（正倉院宝物模造品）

２正倉院正倉／床の高さは2m

（4）シルクロードの贈り物 ―奈良時代の文化―

伎楽や正倉院宝物，鑑真の来日からどんなことがわかるか。歴史書はなぜつくられたのか。

３五弦の琵琶
（正倉院宝物）

４クゴとよばれるハープ風の楽器
（正倉院宝物模造品）

■おどる西アジアの王

752年，東大寺の大仏開眼の儀式には，国内から1万人の僧や尼のほか，インドや唐の僧も参加してはなやかなものとなりました。関係が悪化したこともある新羅からも，700人の大使節団がやってきました。このとき，にぎやかに伎楽が演じられました。

伎楽のようすは，のちに書かれた書物から知ることができます。笛，鼓，シンバルなどの音楽が鳴り出すと，獅子は子を連れて，何度も跳び上がります。バラモン僧は，足でふみつける洗濯のしぐさを，こっけいに演じます。次つぎに14組のおどり手が登場します。最後は酔っぱらった西アジアの王が，家来を連れて大さわぎを演じます。使われた面は，東大寺の正倉院に納められ，宝物として伝えられました。

イランが起源の笛，尺八，琴，ハープ風の楽器，インドが起源の琵琶も伝わりました。これらの楽器は，宮中の儀式や宴会でも合奏されました。

正倉院には，7～8世紀にインドやイランからシルクロードを通って唐の都・長安に伝わり，遣唐使がもち帰るなどしてもたらされたものも多くあります。伎楽は中国南部が起源で，百済の人が伝えました。

■鑑真、苦難の旅

朝廷は，仏教によって国家を安定させようとしていました。平城京には，唐から来日した僧が何人もいました。なかでも鑑真は，日本の僧や尼に仏教の本質を修得させ，僧としての規律を授ける先生として招かれ

044

第3章　(3) 院の荘園と平氏

荘園の人びと

山田　麗子

① 年貢を納める人たち(『粉河寺縁起絵巻』粉河寺蔵)

(3) 荘園の人びと ―院の荘園と平氏―

農民たちが荘官の館に年貢を運んでいる。荘園はどのように広がっていったのか。

■ 年貢を運ぶ人たち

12世紀につくられた『粉河寺縁起絵巻』には，荘官の館に，年貢を運ぶ人たちがえがかれています。荘園領主の貴族や寺社は，田畠を開墾した地方の有力者を荘官に任命し，土地を管理させました。

農民は，荘官が整備した用水を使い，割り当てられた水田で，田植えや草取り・稲刈りをしました。そして，京都に船で運べるところでは米で，東国などでは絹や麻布などで，年貢を納めました。また，正月のもちや，盆のなす・うりなど年中行事に使うもの，ワラビやキノコ，柿や栗など季節のものを届け，荘園領主のために働きました。

荘官や有力な農民のところには，下人がいました。荘官などに長く仕えていた人や，借りた稲が返せなくなったり，生活できなくなったりして逃げてきた人たちです。下人は小屋に住み，命じられるままに働かされたりしました。田畠といっしょに，ゆずりわたされることもありました。

■ 絵図にえがかれた荘園のすがた

② 荘園の境界の石と伝えられる石(兵庫県太子町・鵤荘)

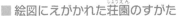

神護寺 卍

『ともに学ぶ人間の歴史』p.60より

1 生徒が親しみやすい荘園の授業づくり

「荘園の授業は難しい」という声をよく聞く。理由のひとつは、荘園の捉え方の変化だ。かつては荘園を、土地を開発した領主が保護を求めて上級の権力者に寄進して認可を受けたものと捉えていた。現在では、荘園の成立を上からの立荘と見るようになっている。12世紀前半の鳥羽上皇の院政期、院、女院、摂関家などが寺社の造営の際に、院近臣に私領（小規模の免田など）を集めさせて事業費用の基盤にしたことに始まるとされる。また、東北地方の北部に荘園が形成されなかったように、地域差が大きいことも荘園の授業を難しくしてきた。荘園の成立やしくみから入ると授業は難しくなりがちだ。

改訂版では、中学生が荘園に生きる人びとに親近感をもてるような構成を考えた。メイン図版には、人びとの表情まで見えるように『粉河寺縁起絵巻』を大きく配置している。本文には荘園のさまざまな階層・立場の人びとの暮らしを具体的に記述した。また、桛田荘〔かせだのしょう〕の絵図から、荘園の景観や成り立ちに留まらず、村のまとまりと結束する人びとの姿を想像できるようにした。

授業づくりの例やヒントを示しながら、改訂版を紹介する。

2 『粉河寺縁起絵巻』から、年貢を納める人たちの気持ちを想像する

絵巻に描かれる長者の館は、河内国の讃良郡（大阪府寝屋川市付近）にあり大江御厨の開発領主という設定だ。館の庭先に長櫃〔ながびつ〕が運び込まれている。

授業の最初で、長櫃の中のものに注目し何があるか生徒に聞く。「大きな魚」はすぐに出るだろう。右の櫃が海の幸であることがわかると、「伊勢エビ」と「昆布」も推測できる。大魚の横にあるのはサザエだ。もう一つの櫃は山の幸なので、今までの学習から、「栗」や「柿」が生徒から出るだろう。他に梨や柘榴〔ざくろ〕などが見える (1)。砂糖はまだごく限られた人たちのものだったので、こうした果物の甘味は貴重だった。立派な魚や伊勢エビ、サザエもご馳走だったことだろう。贅沢な海の幸・山の幸はだれが食べるのだろうか。

絵巻にはさまざまな階層の人が描かれている。登場人物が何をしているのか、何と言っている、何と思っているか想像して出しあう。

「主人が縁側に座り紙を見ている」（実際は館の執事）、「良い身なりの人が地面に座って年貢の説明している。ごきげんをとっている」「鳥を木に結わえて差し出している。この人は腕が疲れている。早く帰りたいと思っている」「年貢の箱をおろした人は、魚を見て自分も食べたいと思っている」「左下の庭のようすを見ている人はここから逃げようと思っている。目が鋭い」「米俵を運んでいる人は腰が痛いと言っている」など自由に出しあってイメージを広げたい。

『粉河寺縁起絵巻』は12世紀後半に描かれた。保元・平治の乱以降、地方の領主・武士は全国的な視野で活動し、権力と富を集中していった。絵巻には力を強めた領主の館が描かれている。門前の場面（教科書前ページp.59）には矢倉や壕が見え、武装した武士が詰めている。この場面にp.60の年貢を納める場面が続く。領主への従属が強まる中、絵巻には人びとの心なしか疲れた表情が見えてくるようだ。

　生徒は、絵巻に描かれた人たちに服装の違いがあることに気づくだろう。年貢を納める人たちにも貧富の差がありそうだ。教科書§1には、荘官、農民、下人がどういう人たちで何をしたかを具体的に記述しているので、荘園領主も含めて関係図をつくれば、社会・経済のしくみに近づくことができる。下人の生活からは、人が人に従属するこの時代の特質に気づくことができるだろう（なお、教科書では公事〔くじ〕（さまざまな雑税）も含めて年貢の語を使っている）。

3　絵図から荘園が、村が、人びとが見えてくる

　桛田荘の絵図は、さまざまな授業展開の可能性が広がる史料である。しかし、注意が必要な点もある。絵図は荘園の西半分を広く描き、東半分を極端に狭く描いている。大道が東の端から直角に北上しているのも正しくない。境界を示す黒い丸・牓示〔ぼうじ〕が荘園の範囲を正しく示しているとは言い難いのだ。

　絵図が描かれた年も、荘園が神護寺領になった年という説と、隣の静川荘と争いが起きたので有利になるように後に描いたという説がある。このように絵図の存在自体が、荘園の境界をめぐる争いが多かった事実を裏付けている。

　桛田荘絵図から、当時の荘園の景観を見ることができる。また、絵図の4つの集落に注目して耕地の調査台帳の情報を合わせれば、生活の共同体としてまとま

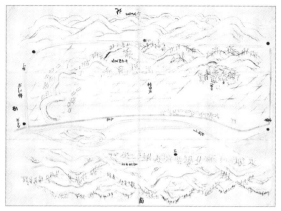

[4]紀伊国桛田荘の絵図／東西3kmほどの範囲である。(神護寺蔵)

四至
東は下居を限る
南は大河（紀伊河）
西は世々山河（静川）の前を限る
北は四つ津谷葛木峰を限る
の前を限る

牓示（境界の印）五箇所
一、東南　下居大垣河の西鼻、重房が作る畠
一、南　紀伊河の南岸、栩木本、渋田荘の堺
一、西南　静河荘・名手荘の堺
一、西北　静河岸の安徳法師が作る田の堺
一、東北　静河荘・高野本荘の堺、大松の東〔以下略〕

▲ のちの文書に書かれた
桛田荘の範囲

荘園の絵図
　桛田荘の絵図がつくられた年は1185年と1223年の説がある。荘園の絵図は、荘園が認められたときのほか、荘園をめぐる争いがおこったときにつくられた。裁判の証拠として使われたりもした。

駅
　奈良時代に都と地方を結ぶ道において
た施設。役人が休息や宿泊をしたり、馬を交代させたりした。

[5]中尊寺金色堂〈中尊寺提供〉

　西にある集落は、有力者を中心に、静川から水を引いて用水を整備し、安定した米の収穫をえていました。他の集落では、山のふもとのわき水や池の水を使いました。絵図の大道（大和街道）は和歌山と奈良を結ぶ、人が行きかう道でした。大道に面した集落は、奈良時代に駅がおかれたところで、人びとは交通にかかわる仕事もしました。
　桛田荘の耕作の調査台帳（1185年）には、耕作を請け負った86人ほどの農民がしるされています。そのうち、1町（1ヘクタール）以上の土地を請け負う有力な農民が十数人いました。

■ 院政、平氏政権の下で

　鳥羽上皇は、荘園の承認をさかんにおこない、桛田荘のような広い荘園が増えました。上皇の身内や信仰する寺社の荘園が、次々とつくられ、娘の八条院暲子は、220カ所もの荘園を所有しました。
　12世紀には、国司が管理していた公領よりも荘園のほうが広くなった国もありました。そして、公領の税も、その地域の有力者にまかせて集めさせるようになっていきました。
　院政の下で、平氏一門は、多くの荘園の管理にかかわり、現地の領主は、しばしば平氏の家人になりました。平氏一門は、西国などの国司になることも多く、全国の富と力を支配する地位につきました。

― 奥州藤原氏と中尊寺金色堂 ―

　陸奥では、平安時代に、何度か戦争がくり返された。そのなかで、蝦夷の子孫の人びとが、新たに陸奥に下ってきた貴族や武士と結びついて力をもった。それを代表するのが奥州藤原氏で、中国との交易品となる北方の作物や砂金を、都と交易しておおいに栄えた。奥州藤原氏は、「蝦夷の長」と自分の役割をのべ、白河関（福島県）から外ケ浜（青森県）までを支配した。
　1124年、藤原清衡が、黄金をふんだんに用い、都から彫刻家や細工師を招いて、平泉（岩手県）に、中尊寺金色堂を建てた。極楽浄土を再現したもので、浄土信仰の広がりをしめしている。

061

る中世前期の村と人びとの姿に近づくことができる。

　授業では、A3に拡大した絵図をグループで観察し、分かったことや疑問を出しあう。「家が固まってある」「八幡宮や堂は立派だ。ここで何をしたのか」「後ろに山がある」「田畑がある。何をつくっていたのだろう」「3kmの範囲。広い」「何人くらいの人が住んでいたのだろう」「紀伊川、静川がある」「大道の幅は？」「大道を通ってどこへ行くのか」など、自由に出しあって関心を広げたい。

　教科書§2に、1185年の耕地の調査台帳から4つの集落・村と開発の状況を記載している。授業では、この4つの集落を、西から順に、7軒（静川地区）、5軒（川北地区）、6軒（桛田地区）、5軒（桛田地区）と丸で囲んで確認する。桛田荘全体の田地は62町7反だが、桛田地区に6割、静川地区に3割強が集中していて、両地区が開発の中心だった。下の表から、静川地区と桛田地区の田地の等級の違いを見つけて、その理由を考える。

●田地の等級　　　　　　　　　　　1185年耕地の調査台帳（検田取帳）より

＼地区（村）	静川	桛田	川北
上田の比率	42.3%	4.7%	21.4%
中田の比率	10.5%	10.9%	10.5%
下田の比率	47.2%	84.4%	68.2%

●耕作者（耕作を請け負った人）の数

＼地区（村）	静川	桛田	川北
耕作者	26人	55人	5人
うち・1町以上	3人	11人	なし
・5反以上	11人	11人	なし
・5反未満	12人	33人	5人

　　鈴木哲夫「中世前期の村と百姓」『岩波講座日本歴史第6巻』2013年より

備考　・「1町未満」の約2割の人は他の地区の耕作もしていた。

　　　・桛田地区には、農業だけでなく交通に係わる仕事もあった。

　土地が肥えて収穫量が多い上田の比率は、静川地区42.3%、桛田地区4.7%と大きく違う。§2にあるように、静川地区では静川から水を引いて用水を整備していたのだ。灌漑用水の整備は、地域の悲願だったのではないだろうか。この頃、

池の水や湧き水を使っていた桛田地区では、後に静川上流に水源を求めて文覚井とよばれる用水を整備した。水を求めた人びとの姿が浮かび上がってくる。

　4つの村の人たちを結んだのが八幡宮と堂だった。寄合・結集・祭礼の場で、荘園領主の支配もここを通して行われた。大道に面して古代以来の交通に係わる村もあり、こうした村のすがたは、中世前期の村一般のあり方だった (2)。

4　荘園の支配者が変わる中、人びとは何を願ったか

　桛田荘は、もともと桛田郷という公領だったが、1147年、崇徳上皇領となった。しかし、崇徳上皇と鳥羽法皇との対立があったからか、翌年には、鳥羽法皇の近臣だった紀伊国の国司に収公されて公領にもどった。ついで12世紀後半に、平清盛が造進した後白河法皇の蓮華大院（三十三間堂）の荘園となった。この背景には、平氏の家人で在地で勢力をもつ湯浅氏の活動があり、湯浅氏は桛田荘の荘官となっている。

　一方、文覚上人は、衰退していた神護寺の復興事業を進めていた。文覚は、1173年、後白河法皇に桛田荘を神護寺に寄進するように強要する。後白河の怒りをかった文覚は伊豆に流罪となるが、ここで源頼朝に会った。文覚は赦されて京都にもどると、1183年、ふたたび後白河法皇に荘園の変更を強要して、桛田荘は蓮華王院から神護寺領になった。このように、桛田荘は政治の動きと密接にかかわり、ダイナミックに変動していた (3)。

　荘園領主がめまぐるしく変わる中、桛田荘の人びとは何を願っていたのだろうか。生徒と考えてみたい。なお、改訂版p66 〜 67には、同じ紀伊国（和歌山県）で約100年後に起きた阿テ河荘〔あてがわのしょう〕の百姓たちのたたかい（カタカナ訴え状）を詳しく記述している。

【注】

1　小松茂美『日本絵巻大成5』中央公論社　1977年

2　鈴木哲夫「中世前期の村と百姓」『岩波講座 日本歴史第6巻中世1』2013年

3　和歌山県立博物館『特別展 紀伊国桛田荘と文覚井〔もんがくゆ〕』2013年

東国に幕府をつくる

四十栄 貞憲

1 内乱に巻き込まれた民衆は、どう生き抜いたのか

　鎌倉幕府の成立を扱う単元にふさわしい導入の資料は何だろうか。源頼朝像か、それとも内乱を示す地図か。2015年検定合格の学び舎中学歴史教科書では、「東国の武士団」と題する地図が掲載されている。1180年の石橋山の戦いにやぶれ、房総半島に逃れた源頼朝が、どのような武士団の支援を受け、勢力を盛り返したのかを知る手がかりとなる資料である。しかし、地図からでは内乱の具体像は見えにくい。まずは、約10年にも及ぶ内乱のなかを、人々はどのように生き、何を願ったのかを考えるところから始められないか。

　そこで改訂版では、見出しの資料を変更し、フォーカスを載せた。鎌倉時代末期に描かれた「春日権現験記絵」には、民衆も参加した戦闘の様子が描かれている。では、民衆はどのように戦闘に関わったのだろう。

　内乱期、各地の戦場で城郭が構築され、そのために人夫が徴発された。さらに、遠征では工兵隊として敵の城郭の除去という役割が与えられた。それだけではなく、楯持ちとして戦闘に協力することもあったと想定される。

　ここに描かれた楯持ちの姿は彼らが非戦闘員であったことを示しており、動員された百姓の役割であったことがうかがえる (1)。

　つまり、全国各地に広がった治承・寿永の内乱では、武士だけでなく民衆の働きが戦場の勝敗を左右したのだ。また、戦乱の舞台になった地域はもとより、武士団の進軍途中にあった村々では、現地調達方式で食糧を奪っていく略奪行為が行われたことが明らかになっている。

　導入は、この絵から疑問に思うことを自由にあげさせたい。子どもたちがイメ

［1］鎌倉時代末期にえがかれた戦闘のようす（『春日権現験記絵』宮内庁三の丸尚蔵館蔵）

（4）東国に幕府をつくる　——鎌倉幕府——

各地で平氏政権に反対する内乱がはじまった。関東の武士たちは何を願っていたのだろうか。

［2］源頼朝（1147〜1199）（甲斐善光寺蔵）

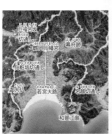

［3］鎌倉／鎌倉道は切通しを通って、東国武士の館につながった。和賀江島は人工の港で、海上交通の拠点となった。
（国立歴史民俗博物館蔵）

フォーカス

■ 内乱のなかの民衆

　12世紀後半、平氏に反対する動きが各地に広がり、5年におよぶ大規模な内乱になりました。戦場には、鎧を身につけない民衆もかりだされました。民衆の役割は、味方の堀や柵を築いたり、ときには、敵の堀や柵を、用意した農具などでこわしたりすることでした。また、民衆は楯を持ち、敵からの攻撃を防ぎました。

　こうして、村々は農作業の働き手を失い、戦火にまき込まれました。ききんなどの災害も多かったため、種もみがなくて米をつくれないほど、荒れはてた地域もありました。

■ 頼朝の反乱と東国

　下総国（千葉県）の相馬御厨という土地は、12世紀前半に千葉氏が開発し、伊勢神宮（三重県）に寄進した荘園です。しかし、相馬御厨の権利をねらう争いがたえず、平氏が政権をとると、平氏と結びついた常陸国（茨城県）の佐竹氏にうばわれてしまいました。

　1180年、源頼朝が伊豆（静岡県）で、平氏に対して反乱をおこしました。伊豆の北条氏などが頼朝に味方をしましたが、石橋山の戦い（神奈川県）で平氏軍に大敗北し、房総半島（千葉県）に逃れました。

　ここで、千葉常胤や上総介広常らが大きな武士団をひきいて、頼朝のもとにかけつけます。頼朝は、平氏軍と戦うことを命令しますが、千葉常胤や上総介広常は、まず、敵対していた佐竹氏を討つべきだと主張しました。頼朝と東国武士たちは佐竹氏を攻め、屈服させました。

　東国武士たちを味方にして、頼朝の軍勢は勢いをまし、鎌倉（神奈川

問いを生み出す授業づくり　　27

ージする鎌倉時代の頃の戦いは、馬に乗る、華麗で勇ましい武士の姿であろう。そのような認識でこの絵を見れば、常識が揺さぶられる。続いて子どもたちは「この人たちは武士ではなく、農民など一般の人たちではないか。なぜ、戦いに農民が加わっているのか」などの疑問を持つだろう。それを探る手がかりが、フォーカスに書かれている。ここから、「平氏に対して何がおこったのか」、「戦闘はどんな方法がとられていたか」、「農民はなぜ動員されたか」などを読み取らせたり、「出征した農民の家族はどうなったか」を想像させたい。

　追いうちをかけるように1181年に養和の大飢饉がおこり、夏の干ばつと秋の台風で農作物が大打撃を受けたことを説明し、内乱に動員された民衆はどう思うか意見交換をさせたい。民衆の姿に共感しながら、興味を広げたいところである。

2　東国の武士はなぜ頼朝に従ったのか

　源頼朝は、こうした民衆を巻き込む大規模な内乱をどのように収束し、鎌倉幕府を成立させたのだろうか。これまでの授業で多く行われてきたのは、源氏VS平氏という、いわゆる「源平合戦」であろう。平氏政権のおごりに不満をもつ武士が各地で反旗を翻し、その中から源氏の血筋を引く源頼朝が勢力を広げ、壇ノ浦の戦いで平氏を滅亡に追いやり、鎌倉幕府を創立するというストーリーである。

　しかし、子どもたちは予定調和なこの筋書きに、次のような疑問を持つのではないか。挙兵してまもなく、平氏方の軍勢に大敗を喫して命からがら逃れてきた頼朝に、なんで東国の武士たちは従ったのだろうか、と。

　この疑問は、鎌倉幕府の根幹である御家人制に通じるものだ。限られた授業展開のなかでは、「源平合戦」の名場面をたどるよりも、地方武士の視点から、彼らが頼朝に何を求めて従ったのかを考えさせてみてはどうだろうか。

　そのための教材として、§1では下総国（千葉県）に開発された荘園である相馬御厨を取り上げている。相馬御厨についての概要を以下に示そう。

　千葉氏と上総氏はともに荒れた地域を再開発し、上総・下総に強い勢力をつくりあげた武士団だった。12世紀になると、千葉氏は本領である千葉荘

のほかに、相馬御厨とよぶ土地を伊勢神宮に寄進してその支配を任されていた。

　ところが、千葉常重が年貢を納めていないことを理由に、この相馬御厨は国司に没収されてしまった。このときから、相馬御厨をめぐる争いが起きる。常重の子常胤は、京都から下向していた源義朝の家来になることでかろうじて領地を維持していたが、義朝が平治の乱で敗死すると、今度は平氏と結んだ常陸の佐竹氏に相馬御厨の支配権を奪い取られてしまった。下総国内の他の領地についても、平清盛と親戚関係にある国司の代官にうばわれそうになっていた。

　頼朝軍に参加するに先立って、千葉常胤が平氏方の代官を攻めたのはこのためであった。常胤にとっては、頼朝の挙兵は自分の領地をまもるための絶好の機会だったのである。その後、常胤は頼朝に協力してすべての戦争に従軍することで、房総にゆるぎない力を築いていった。いっぽう、房総最大の勢力を誇っていた上総広常は、頼朝が朝廷との政治折衝に乗り出すことに反対したことなどから、頼朝に殺された (1)。

　上述のように、相馬御厨は千葉氏が開発し、伊勢神宮に寄進された荘園であるが、その後は現地の支配権をめぐって紛争が起こっていた。平氏政権の頃には佐竹氏に奪われており、千葉氏にとってはそれを取り返すことが切実な願いであり、その実現のために頼朝に従ったと考えられる (2)。この後、内乱の過程で頼朝による敵方所領の没収と、それを「地頭職」として頼朝から御家人へ給与する行為が次々と行われていく。このことは、1185 年 11 月の「文治勅許」による守護・地頭設置以前から、頼朝のもとですでにはじまっていた（次ページの教科書図版 ④ とキャプションを参照）。

　このように、相馬御厨は頼朝の軍事政権の根幹を捉える上で格好の教材である。ただし、登場人物が多く、権利の変遷も複雑なため、本文では極力簡略化している。まずは本文から登場人物の関係図をつくり、疑問や気づいたことを発表させたい。子どもたちは、「逃れてきた頼朝に、大きな武士団の千葉氏や上総氏が味方をした」ことや、「千葉氏は佐竹氏に自分たちが開発した土地を奪われたこと

に、恨みをもっていた。だから頼朝に味方したのかな」など、この紛争の経緯をつかんでいくことになる。続いて、千葉常胤が頼朝のもとにかけつけた時、どんなことを思っていたか考えさせたい。「後ろ盾は血筋が良い人がよい」「このままではご先祖さまに申しわけない」「打倒佐竹！土地を守るために頼朝を立てて戦うぞ！」など、地方武士の主体性が浮き出るのではないだろうか。

図版④とキャプション

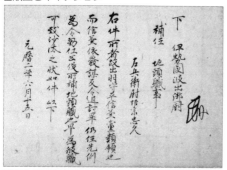

東京大学史料編纂所蔵

地頭の任命文書
　右下に源頼朝の花押（サイン）がある。謀反をおこした平信兼を討ち，その仲間の領地であった波出御厨（伊勢国）の地頭に，1185年6月15日，御家人の惟宗忠久を任命するとある。〈「島津家文書」東京大学史料編纂所蔵〉

3　鎌倉幕府はどのように支配を広げたか

　それでは、鎌倉幕府はいつ成立したのか。また、何をもって鎌倉幕府の成立とみなすか。この問いは、研究史上でも長く議論されてきた。だが近年、鎌倉幕府は何か1つの出来事をもって成立したとするのではなく、段階的に成立したとみるのが妥当であるという考え方がとられるようになってきた。授業のまとめにおいても、そのことを意識した問いかけをしたい。鎌倉幕府の成立の理由について意見を述べ合う中で、それぞれの認識が深まるような発問の工夫が必要である。

　まずは、「鎌倉幕府が支配を広げるきっかけとなった出来事を、本文から複数探してみよう」とし、あげさせていく。「1180年の頼朝の挙兵」「鎌倉に本拠をおいて東国を支配した」「平氏滅亡」「守護・地頭の設置」「奥州藤原氏の滅亡」「頼朝の征夷大将軍任命」「承久の乱」などから、いくつか出てくるだろう。もし、余裕があれば、1183年（寿永二）10月に出された宣旨を紹介して、それまで反乱軍の立場に過ぎなかった頼朝軍が、朝廷から正当な地域権力として追認された

ことを選択肢として示すと、なお深まりがでるだろう。

　続いて、「これらのうち、最も重要なターニングポイントはどれか。その理由を発表しよう」と問い、考えさせたい。本文には守護・地頭の設置の記述のあとに、「こうして、強い軍事力を基盤にした鎌倉幕府がつくられました」と書かれているので、最も支持が集まるのは守護・地頭の設置だろう。だが、これまでの内容を学んだ子どもたちからは、すでに挙兵時から頼朝が自らの意思で所領を与えていた事実を重視する意見も出るかもしれない。それぞれを支持する理由を発表させて、意見交換をすれば、鎌倉幕府に対するそれぞれの認識が深まっていくのではないか [3]。

　以上のように、鎌倉幕府成立について、民衆・地方武士・幕府の３つの角度から考えていく内容構成を意識した。この教科書を使って、内乱期に生きた人びとが何を願い、どんな社会を目指したのかを考えてもらいたい。

【 注 】
1　千葉県歴史教育者協議会・編『おはなし千葉の歴史』pp.23 〜 25、要約。
2　千葉氏など在地領主の動向に関しては、高橋修「武士団と領主支配」(『岩波講座日本歴史　第６巻　中世１』岩波書店、2013 年）を参照されたい。さらに野口実『源氏と坂東武士』(吉川弘文館、2007 年）は、千葉常胤が平治の乱で配流された源義隆（義家の子）の遺児を育てたことや、近江国三井寺にいた子息の日胤を通じて、平氏政権の末期的状況を認識していた可能性などに言及している。乱後の不利な形勢のなかで、多方面に手を打っている様子がわかる。
　なお、高校日本史の実践であるが、相馬御厨の紛争を教材として行った授業に、拙稿「源義朝は侵略者か紛争調停者か─武士の成立と展開」(『新しい日本史の授業』山川出版社、2019 年所収）がある。
3　川合康『源平の内乱と公武政権』(吉川弘文館、2009 年）は、鎌倉幕府成立過程を段階的に追究している。また、鎌倉幕府成立の意味を問いかけた高校日本史の授業に、若杉温「鎌倉幕府ができた意味を考えよう」(『新しい日本史の授業』所収）がある。

一つにつながるユーラシア

三橋 広夫

1 「クビライ゠カンの国書」は中学生のモンゴル観を揺さぶる

授業中に「国書」(1) を読んで、意見を出し合った。ある子どもはこう発言した。「日本が高麗〔コリョ〕と接していたからってモンゴルに従わなければならない理由はない。その高麗だって30年も元と戦っている。フビライも命令みたいな言い方をしている。それなら、死ぬ気で戦うべきだ。最初はこう思ったが、みんなの意見を聞いて変わった。朝貢すれば利益は莫大だ。新しい物や文化がどんどん入ってくるし、もし国が危なくなっても元が助けてくれるので、やはり元に従うべきだと思った」

逆のベクトルの変化もある。「フビライは『兵を用いるような事態になることはどちらにとっても、好ましいことではない』と言っているので戦う必要はない。戦えばどちらの国民にも被害が及ぶので交渉すればいいと最初は思った。だけど、みんなの意見を聞いて考えが変わった。もしこのとき日本が従ったとしたら、おとなしすぎる。私は元が嫌いだ。そう思うとさっきのフビライの手紙もうそのように思えてくる」

ここから、子どもたちの中には二つのモンゴル観が内在していることがわかる。そして、そのモンゴル観の間で揺れている。討論は、異なる意見を別々の子どもが主張しているが、同時に子ども一人ひとりが自分の中の異なった意見によって葛藤しているとも見ることができる。

したがって、どのような教科書の記述（事実の提示）が子どもたちのモンゴル観を揺さぶり、意見交換を通してより豊かな世界認識を獲得できるか検討されるべきであろう。

2 図版の大幅な変更

今回の改訂では図版①を変えた。「モンゴル帝国とサウマーの旅」（地図）から「紙幣に印を押すクビライ゠カン」への変更である。それに伴って本文も「ユーラシア大陸を横断する旅」という見出しは変わらないものの、内容はまったく異なる。サウマーが大都から出発してローマ教皇に会見するまでの旅も魅力的ではあるが、それにまつわる絵画（資料）などがなく、文章から内容を理解していかなければならないため、子どもたちにとって負担となることが考えられる。

　一方、改訂版のマルコ゠ポーロは子どもたちにとってはなじみのある教材といえるだろう。父と叔父に連れられてマルコがアジアに向けて旅立ち、西アジアから元はもちろん東南アジアやインドまでの、その豊かな情報は13～14世紀の各地のようすを伝えてくれる。それが『東方見聞録』（『世界の記述』とも）である。一行がベネチアを発ったのが1270年だったから、マルコが16歳のときである。このことからも『東方見聞録』の記述が子どもたちにとって身近な存在としてせまってくる。

『東方見聞録』はジパングなどの記述に目が行きがちだが、元の実情を理解するにも適している。カンや皇族を昼夜護衛した親衛隊であるケシクについて具体的に記述されている。「非番であっても昼間は宮殿で待機し、夜間は帰宅する。ただしクビライから命令があればこのかぎりではない」などは関係者以外では知りえないことではないかという（海老澤哲雄『マルコ・ポーロ』）。

　ケシクという組織の存在は、当時の元と高麗の関係を考えるうえで重要な要素の一つである。従来、高麗王子が元の宮廷にとめおかれたことをもって高麗の服属を担保するための人質という表面的な理解に留まっていた。しかし、後に高麗王となる人々がケシクに参入することによって元の中央政界に進出し、そのことで高麗王権の中で力を持っていったことが確認されている（森平雅彦『モンゴル覇権下の高麗』）。

　さらに、高麗人のなかには元帝国で活動した者も多く、「男子に生まれたら皇帝の都で出世しなくては」という考えが高麗官吏のあいだで広まっていた。元と高麗の交流が活発になり、棉花が高麗にもたらされ、高麗人の生活様式を変化させていった（歴史教育者協議会・全国歴史教師の会編『向かいあう日本と韓国・朝鮮の歴史　前近代編・上』）。

長々と書いたのは、子どもたちは、クビライの要求を受け入れたらどうなるか
を考える際に、抽象的に「従う」とか、「服属する」としか思いつかない。ここ
で、元に「服属していた」高麗の実像を示すことによって、自分の意見をはっき
りさせることができるであろう。

　さらに、図版1、3の紙幣、パイザなどは、子どもたちが元の経済のしくみに
まで迫ることができる教材である。

3　多様な日元関係

　教科書には「これらの戦争にもかかわらず、幕府は交易船を元に派遣し、ク
ビライ＝カンも交易を許可しています」と記述されている。このことは、当時の日
元関係を考える際には、欠かせない事実であろう。具体的には、クビライは
1277年、中国に来た日本の商人に金と銅銭との交易を許し、翌78年には日本商
船に貿易を許容せよとの詔諭を沿海の官司に下し、79年には日本商船4艘・船頭
2000人あまりが慶元港に来て貿易を営んでいる（南基鶴『蒙古襲来と鎌倉幕府』）。

　この事実は子どもたちの思考の範囲を越える。戦争をしている相手を訪れるば
かりか、貿易までしようというのだから、子どもの言葉で言うと「うっそー」と
なる。ここまで来ると子どもたちは自分の知っていること、教科書の記述などを
総動員して説明しようとする。今まで考えてきたことでは説明がつかないからで
ある。子どもたちは資料（「元史」より）の中の「（日本は）その後何度も来航を
求めた」ことに注目して「（日本は元と）仲の良い関係をつくろうとしている。
元にもう来ないで、戦争をしないで、という感じだった」と考えた (2)。

　クビライは日本や東南アジア諸国との貿易を積極的に振興する意図を持ってい
た。もちろん、貿易の利益のみを目的としたものではなく、海外諸国招致の手段
だった。

　二度にわたる「モンゴルの襲来」が侵略戦争であったことはまちがいない。し
かし、この戦争に特化して日元関係を扱えば、結局過去のモンゴル帝国との関係
を自国史の中に押し込め、あるいは自国史からのみ叙述することによって、その
ナショナル・アイデンティティを強固にしようとする傾向を強めることになる。
そして、そこには文明と野蛮という二項対立を内実化させる働きがある。

クビライの死後、元は1299年一山一寧（渡日後一時幽閉されたが、建長寺の住持となった）を日本に派遣した。これ以後、日元両国ともに交易体制の確立をめざし、その結果貿易が盛況を迎えた。この一山一寧に師事したのが雪村友梅〔せっそんゆうばい〕で、彼は元に渡って20年以上滞在し修行に励んだ。このことから、「モンゴルの襲来」と前後して人的交流もかなり盛んだったことがわかる（今谷明『元朝・中国渡航記』）。

　さらに、日宋貿易や日元貿易を担った商人はどういう人たちだったのだろうか。11世紀末ごろから博多には「大唐街」と呼ばれる中国人街が形成されていた。日本と南宋の貿易を主に担ったのは、ここに住む「博多綱首〔ごうしゅ〕」あるいは「博多船頭」と呼ばれる中国人だった──ただし、彼らが近代以後の「中国人」というアイデンティティを持っていることを意味しない。便宜上そう表現するにすぎない──が、日本最初の禅寺であった博多の聖福寺などの建立に重要な役割を果たし、神人〔じにん〕などの地位も得ている。

　その「博多綱首」が13世紀半ばに史料に現れなくなることから、従来は日本人商人の台頭を想定していたが、天竜寺船などの寺社造営料唐船の運行には博多の海商、すなわち「博多綱首」の後身があたっていたと考えられている（大庭康時「国際都市博多」『西国の文化と外交』清文堂出版）。

　つまり、モンゴル軍が攻め入ってきた当時の博多は、中国人が主要な役割を果たしていた都市であり、その事実は野蛮なモンゴルと文明の日本という認識を崩す可能性を持っている。それだけ歴史は複合的であり、広がりを持っているといえる。

4　新安〔シナン〕沖の沈没船が意味すること

　さらに、1975年に韓国の新安沖で発見された沈没船について考えてみよう。この船には陶磁器2万点以上、銅銭28.1トン、紫檀木千本など大量の商品が積まれていたことがわかっている。この船は、1323年、中国の寧波を出航し、日本の博多に向かう途中、嵐のために朝鮮半島南西部の海岸に漂流・沈没した。「東福寺」と書かれた木簡もあったことから東福寺の寺社造営料唐船であったと推定されている。また、「綱司」と書かれた木簡も「博多綱首」をにおわせる。そう

であれば、日元貿易を担っていたのも「博多綱首」となる（佐伯弘次『モンゴル襲来の衝撃』）。

この事実をはたして「モンゴル襲来」後のできごととしてとらえていいのだろうか。年表上はそうだろう。しかし、寺社造営料唐船を送った当時の人びとの意識を考えるとそう単純ではない。

最初は九州の御家人に、そして「弘安の役」の後、東国の御家人にも課せられるようになった軍役に異国警固番役がある。これは御家人たちにかなり負担をしいた。そのため、九州には年貢が免除されて荘園領主に上納されなくなった荘園があるほどである。鎮西探題が設置されるとその傾向はさらに強まった。この軍役が、実質的な意味を失うのは鎌倉幕府の滅亡後である。つまり、それまでは、少なくとも九州の御家人にとって戦争は続いていると見るべきであり、そうした時代状況をふまえて寺社造営料唐船の持つ意味を考えることが必要だろう。

また、元の時代は「日中韓の三国において、国境をこえた共通の出版・学術・文化状態が出現した」大交流の時代だったとも言われる（杉山正明「モンゴル時代のアフロ・ユーラシアと日本」『モンゴルの襲来』吉川弘文館）。実際に、1227年から1364年までのおよそ140年間に日元間の往来船は57隻に及ぶ。平均すると2〜3年に1隻の船が日本から元へ、あるいは元から日本へと船が行き来していたのである（魏栄吉『元・日関係史の研究』）。

いずれにせよ、教師の説明で事たれりとする授業では、子どもたちの認識は深まらない。1冊の絵本を紹介したい。ビエトロ・ベントゥーラ絵／ジアン・パオロ・チェゼーラーニ文『マルコ・ポーロの冒険』である。ぜひ読み聞かせたい。

【注】

1　クビライの国書は当時のモンゴル帝国の標準の書き方によって書かれ、末尾近くは威嚇の言葉を入れることになっている。したがって「兵を用いるに至るは、夫れたれか好む所ぞ」という一節をその後の開戦に引きつけて考えるのは拡大解釈だという（堤一昭「モンゴル帝国と中国―コミュニケーションと地域概念」）。

2　詳しくは、三橋広夫「中学生と学ぶ『モンゴルの襲来』の授業」（『歴史地理教育』2009年10月号）を参照。

②マルコ＝ポーロ
(1254～1324)／マルコが見
聞きしたことを編さんした旅
行記を『東方見聞録』という。

①紙幣に印を押すクビライ＝カン（フランス国立図書館蔵）

③パイザ／モンゴル帝国内での通行手形・
身分証明書。金・銀・銅製のものがあった。
（国際日本文化研究センター提供）

（7）一つにつながるユーラシア──モンゴル帝国──

クビライ＝カンはどんな国をつくろうとしたか。東アジアはどのように変わっていくのだろう。

④クビライ＝カン(1215～1294)／
チンギス＝カンの孫にあたり、35年間にわ
たって、モンゴル帝国の皇帝の位にあった。
（中国国家博物館蔵）

⑤青花龍文壺／中国でつくられた染付の磁
器。（東京国立博物館蔵）

■ユーラシア大陸を横断する旅

　1271年、マルコ＝ポーロは、父とおじに連れられて、ベネチアを出
発しました。パミール高原やゴビ砂漠をこえ、3年半後に上都（元の夏
の都）に到着しました。元の都市では道が石とレンガで舗装され、紙幣
も発行されていることに驚きました。

　マルコ＝ポーロは税をあつかう役人に任命されたり、使節となって元
の南部や、遠くチャンパ（ベトナム）などを訪れたりしました。こうし
てマルコ＝ポーロは、17年もクビライ＝カンに仕えました。何度も引
きとめられましたが、1292年に泉州からイランに向かって出航するこ
とができました。ベネチアにもどったのは1295年でした。

　この後、モンゴル帝国とヨーロッパ諸国の間で、外交使節がさかんに
行き来しました。

■さかんになる東西交易

　モンゴル高原の遊牧民を統一し、ユーラシア大陸の東西にまたがる大帝
国の基礎をつくったのは、チンギス＝カンでした。その孫、クビライは中国
に侵入し、1271年に国号を元とします。クビライは26年を費やして大都
を建設し、大都と各地を結ぶ交通網を整備しました。

　また、西アジアで商業活動をしていたムスリム（イスラム教徒）の商

068

白砂糖国産化の挑戦

小石　都志子

　これまで、8代将軍吉宗と老中田沼意次の政策を、相反するものとして捉えることがなかっただろうか。改訂版は 18 世紀の幕府財政再建を中心に、5代将軍綱吉、8代将軍吉宗、老中田沼意次が断絶した政治を行ったのではなく、それぞれ前の政治を受け継いで、時代の変化に応じて特色ある政治を行ったという流れで構成した。例として白砂糖の国産化政策をとりあげた。

1　砂糖から入る授業

　誰もが好きな甘いお菓子に欠かせない砂糖、これに注目して授業に取り入れたい。図版2は、1569 年、イエズス会の宣教師ルイス゠フロイスが、織田信長に献上したコンペイトウを復元したものである。「どんな味だろう」と生徒の関心が広がるだろう。復元品は市販されているので、当時の味を味わうことができる。

　1543 年、ポルトガル人の種子島上陸以来、ポルトガル船の入港が始まった。続いて 1549 年、ザビエルがキリスト教布教のため来日。それ以来、ヨーロッパの文化が日本に伝えられ、その中で砂糖を使ったコンペイトウやカステラなどの南蛮菓子がもたらされた。1600 年頃から唐船が長崎に来るようになり、ポルトガル船の主な貿易品が生糸、織物、砂糖であることを知ると、唐船の人たちも生糸・絹織物・砂糖・薬種などを積んで日本にやってきた。1640 年、徳川幕府は平戸にいたオランダ人を長崎出島に移し、出島のみで貿易を行わせた。蘭船も唐船の実情をみて、船の底荷として台湾産の砂糖を用いるようになった。こうしてポルトガル船の入港を禁止したいわゆる鎖国の後も、蘭船や唐船によって東南アジアや中国、台湾から生糸・絹織物・砂糖・薬種などが長崎に運ばれたのである。

　図版1は、『蘭館図絵巻』に描かれた長崎出島の水門の様子を描いたものである。蘭船の到着に合わせ水門が開かれ、大型船から降ろされた舶来品が小舟に乗

［1］長崎での交易（『蘭館図絵巻』）〈長崎歴史文化博物館蔵〉

［2］コンペイトウ／ポルトガル人宣教師が織田信長に献上したとされるコンペイトウを復元したもの。

（6）将軍吉宗のなげき —享保の改革と田沼の政治—

砂糖が国産化されていく。将軍吉宗，田沼意次はどんな考えでどんな取りくみをしたのか。

■ 長崎に荷揚げされた砂糖 フォーカス🔍

16世紀半ば，コンペイトウなどの南蛮菓子が伝えられました。砂糖の味が知られるようになると，砂糖は長崎にさかんに輸入されるようになりました。しかし，砂糖は高値で取り引きされたので，大量の金銀が海外に流出しました。

そこで，8代将軍・徳川吉宗は，輸入に頼っていた砂糖や朝鮮人参などを，国内で生産しようと考えました。漢文に翻訳されたヨーロッパの書物の輸入制限をゆるめ，海外からも情報を集めました。サトウキビの苗などを取りよせて，江戸城などで試作をしました。

［3］サツマイモの研究／吉宗はききんに備えてサツマイモの栽培を奨励した。
（青木昆陽『重刻甘藷記』国立国会図書館蔵）

幕府の財政収入（1730年）
- 年貢 63.7%
- その他 24.5%
- 貨幣改鋳による収入 1.3%
- 御用金・上米 3.6%
- 貿易などによる収入 6.9%

［4］幕府の財政収入（1730年）／1年間のおもな財政収入は，米収入と貨幣収入であった。

■ 財政の立て直しの改革

幕府は，幕府領からの年貢収入と，金や銀の鉱山からの収入によって，大きな経済力をもっていました。ところが，17世紀後半，5代将軍・綱吉のころには，金銀の産出量が減少する一方，出費が増大して幕府の財政は苦しくなりました。幕府は，金や銀の量を減らした質の悪い貨幣を大量に発行し，そのために物価が上昇して，政治への批判が高まりました。

1716年，将軍となった吉宗は，新しい政策を進めました（享保の改革）。有能な人材を登用して，財政の立て直しをはかりました。吉宗は，武士に質素・倹約を求め，大名たちに一時的に米を差し出すように命じました（上米の制）。

一方，幕府の収入をふやすために，新田開発を奨励し，年貢率を上げ

118

せられて運ばれてくる。この絵をよくみる。「二人でかついで、出島に運び入れようとしている籠のようなものは何かな。中身は何だろう」「重そうだね」「広場ではその重さを天秤で計っているね」「西洋人がいる。どこの国の人だろう」「四角い箱を担ぎ出している人も何人かいる。中身は何だろう」「広場の向こうの建物の中では何をしているのだろう」「織物のようなものが見える」など、さまざまな声が生徒から上がるだろう。注目して欲しいのは二人が担いでいる籠。中身は「砂糖」であり、広場では大型の天秤を使ってその重さを計っている。男達が担ぎ出している四角い木箱には輸出品の「棹銅」が入っている。

　銅が輸出されるようになる前は、大量の金銀が長崎から海外に流出していた。江戸時代前期には、江戸幕府は直轄領からの年貢収入のほかに、佐渡相川、伊豆、但馬生野、石見大森などの金銀の鉱山からの収益と、活発な外国貿易による収入によって、他の大名を圧倒する豊かな財政を誇っていた。

　しかし、明暦の大火で江戸再建に巨額を要し、5代将軍綱吉の贅沢や大寺社の造営・再建、貨幣経済の発展に伴う物価上昇などにより、支出が増大した。その一方で、金銀の鉱脈が枯渇し、貿易も縮小し、元禄時代に入り、財政は初めて赤字になった。このころから輸入品の国産化を説く学者が現れた。6代、7代将軍に仕えた新井白石は、輸出品を金銀から銅と俵物（なまこ、あわび、フカヒレなどの海産物）に転換し、同様に輸入品の国産化を説いていた。

2 「将軍吉宗のなげき」とは

　図版⑤「大阪の蔵屋敷」からは、どんなことが読みとれるか、聞いてみる。「蔵の前に米俵が山積みになっている」「米はどこから運ばれてきたのかな」「陸揚げされた米は蔵の中に運び込まれている」「武士と商人が話し合っているのはなぜだろう」などの生徒の発言が予想される。江戸時代は、百姓は年貢としての米を藩や幕府に納めた。その米が大阪の蔵屋敷に運び込まれ、堂島の米市場で価格が決められ、換金されて武士の生活を支えるしくみになっていた。

　8代将軍吉宗が行った享保の改革（1716 ～ 45 年）では、綱吉の時代に明らかになった幕府財政の赤字が主要な問題であり、財政再建が改革の中心となった。先にもみたように、幕府財政赤字のひとつの原因は鉱山収入が減少したことだ。

図版④のグラフによれば1730年の幕府の財政収入は、全体の63.7％を年貢が占めており、年貢が基盤となっていることがわかる。吉宗は年貢をどのようにして増やそうとしたか、生徒に考えさせたい。「田を増やす（新田開発をする）」「米をたくさん集める」「年貢率を上げる」という答えは出てくるだろう。

　表1は享保の改革前後の幕府領の石高、平均年貢収入、平均年貢率を10年ごとに示している。享保の改革後の1746〜55年に年貢収入、年貢率がともにピークに達し、その後の10年もほぼ同様の数字で推移した。田沼意次が権勢を誇った1767年〜1786年ころは年貢収入、年貢率がともに漸減した。

　享保の改革により年貢収入は増加した。しかし、吉宗はなやんだ。年貢収入の増加が財政収入の増加に直結しなかったのである。それはなぜなのか、教科書§1「財政の立て直しの改革」から考えさせたい。

表1　幕府領の石高と平均年貢収入、平均年貢率

年　　代	幕府領の石高	平均年貢収入	平均年貢率　　％
1663 〜 72 年	280 万石台	102 万 7981 石	35.83％
1686 〜 95 年	380-390 万石台	130 万 2967 石	33.57％
1706 〜 15 年	400 万石	131 万 9574 石	32.29％
1716 〜 25 年	412 万石	139 万 5782 石	33.88％
1726 〜 35 年	447 万石	147 万 7350 石	33.02％
1736 〜 45 年	459 万石	158 万 0404 石	34.38％
1746 〜 55 年	442 万石	166 万 6845 石	37.64％
1766 〜 75 年	438 万石	151 万 8487 石	34.66％
1776 〜 85 年	436 万石	146 万 3986 石	33.56％

（藤田覚『近世の三大改革』山川出版社、2002年、pp. 21-23、「江戸実情誠斎雑記」『江戸叢書』巻の八、名著刊行会、1964年、pp. 192-207 より作成）

3　白砂糖の国産化

　吉宗は、国の富の流出を防ぐために、輸入品の国産化に着手した。輸入額が大

きかったのは朝鮮人参を代表とする薬種や生糸だが、ここでは砂糖の国産化について具体的に見ていくことにする。

　わが国で最初に作られた砂糖は黒砂糖である。江戸時代のはじめ頃、中国から製法が伝わり、元禄年間には、琉球や奄美群島で作られ大阪で売られるようになっていた。しかし白砂糖の製造には黒砂糖以上の高度な技術を必要とし、琉球や奄美で白砂糖を生産することはなかった。

　吉宗は、キリスト教と関係のない漢訳洋書の輸入を許可して、国内外のさまざまな文献から情報を得たり、長崎奉行に調べさせて、中国から甘蔗（サトウキビ）栽培法や砂糖製造法に関する情報を集めたりした。また甘蔗の苗を琉球から取り寄せて、浜御殿の御庭や江戸城の吹上御庭で栽培を試みたりもした。だが、吉宗存命中は幕府による砂糖の製造は実験の域を出なかったのである。

　吉宗の白砂糖の国産化政策は、田沼意次にそのまま引き継がれた。意次は、町医者で人参の国産化に貢献し、当時すでに有名になっていた本草学者の田村藍水を幕臣に取り立てた。藍水は平賀源内の師でもある。藍水が17年かけて白砂糖の製造に成功すると（1762〈宝暦12〉年）、幕府はその製造と販売を藍水に求めた。しかし藍水は医師の仕事に専念できないとして、幕府の許可を得て、武蔵国大師河原村名主池上幸豊に託したのだ。

　池上家は海辺の新田開発事業に従事してきた家柄で、幸豊もまた池上新田（現川崎市川崎区）を完成させている。他方、幸豊は殖産興業家として梨・葡萄などの果樹栽培、製塩、芒硝〔ぼうしょう〕製造、絹の機織り、製紙などを行い、甘蔗栽培も試していた。白砂糖製造を託された幸豊は、藍水の砂糖製造技術が完全ではないことへの不安があったらしく、はじめはあまり積極的になれなかったのだが、1765（明和2）年、町医者の河野三秀と出会い、白砂糖の製造法を伝授されると、一転して積極的に甘蔗栽培法や砂糖製造法を研究しはじめた。実用化に成功すると、今度は甘蔗栽培と製糖法の普及に乗り出した。1774（安永3）年、関東地方で最初の伝法を行い、1786（天明6）年には、東海道・中山道・甲州道中、さらに畿内の村々で2度目の伝法を行った。このような幸豊の活動は、寛政（1789～1801年）のころから西日本を中心に黒砂糖・白砂糖の製造が広がっていく機運を作りだす役割を果たしたと考えられている。幸豊は1797年、氷砂糖

の製造にも成功し、翌年81歳の生涯を閉じた。幸豊の人生からは民衆（名主層）の生活向上にかけた執念や経済に果たした大きな力を感じずにはいられない。

4　老中田沼意次の政治

　教科書§2「田沼意次の政治」を読んで、これまでの政治と違う点を考える。「砂糖の国産化に取り組んでいる点は吉宗と同じ」「でも砂糖の国産化の仕事を武士ではなく、武蔵国大師河原村の名主にまかせている」「印旛沼の干拓は新田開発ということかな」「商工業者の組合に株仲間を作らせて営業税を納めさせた」「ロシアとの交易をやろうとした」「蝦夷地の大規模開拓をしようとした」など、殖産興業策に積極的に関係したことを読みとることができる。

　これまで田沼意次の時代は、賄賂による腐敗政治の時代とされてきたが、近年再評価が行われている。吉宗の政治を一歩踏み込んで推進するにあたり、多くの民間レベルの人々から情報を集め、実際に彼らに実行させた政治手法が革新的だという。門閥出身ではない意次だからこそできたのではないかと評する人もいる。

　しかし、天明年間（1781～1789年）を通じて、凶作や米価高騰に起因する一揆・打ちこわしが頻発し、田沼意次の失脚を早める結果となった。特に天明2・3年の奥羽地方の大飢饉は、2年は冷夏、3年も浅間山が大噴火して大降灰となり、甲信越から奥羽まで冷夏となって凶作や米価の高騰を招いた。図版6は、『凶荒図録』収録の天明の飢饉で食料を求めてさまよう庶民の図である。飢饉のひどい村々では食べてゆくすべがなく、穀物があると聞いた土地をめざして親子夫婦がちりじりになり、はるばると他国へ赴く。路傍に死ぬ者もおびただしく、前代未聞のことだったと記されている。

　1786年、田沼意次は失脚し、政治は松平定信へと引き継がれていった。

【参考文献】
藤田覚『近世の三大改革』山川出版社　2002年
藤田覚『田沼意次』ミネルヴァ書房　2007年
落合功『大江戸マルチ人物伝 池上太郎左衛門幸豊』川崎市市民ミュージアム　2000年
倉地克直『全集 日本の歴史 第11巻 徳川社会のゆらぎ』小学館　2008年

第5章（12）外に危機、内にも悩み─異国船と天保の改革─

運命をきりひらいたジョン万次郎

周藤 新太郎

1　運命をきりひらいたジョン万次郎をフォーカスに

[1]アメリカ捕鯨船とキャッチボート〈「マッコウクジラの群れ」ピーボディ・エセックス博物館蔵〉

[2]アメリカでのジョン万次郎
〈「漂洋瑣談」京都府立京都学・歴彩館蔵〉

（12）外に危機、内にも悩み ─異国船と天保の改革─

14歳の少年がアメリカに渡ったころ，日本近海で何が起きていたか。蘭学者と幕府はどうしたか。

■ 運命をきりひらいたジョン万次郎 　🔍フォーカス

　1841年，土佐（高知県）の万次郎（14歳）は，はじめて漁にでましたが，嵐にあい無人島に漂着してしまいました。143日後，アメリカの捕鯨船が通りかかり救助されました。そのころ日本近海には，アメリカの捕鯨船がたくさん操業していたのです。

　日本では，沖合で，鯨を多数の船で囲んで網と銛で捕っていました。万次郎は，アメリカの捕鯨が日本とまったくちがうことに驚き，興味をもちました。アメリカで，英語をはじめ数学，測量術，航海術などの本格的な教育をうけ，捕鯨船をまかされる技術を身につけました。

　24歳になった万次郎は，母のいる故郷にもどろうと，1851年，琉球への上陸に成功しました。よく年，土佐で母との再会をはたしました。

[3]モリソン号

『ともに学ぶ人間の歴史』p.130より

14歳で漁の途中漂流し、無人島に流れ着いた万次郎。約半年後、彼はアメリカの捕鯨船に救助された。彼は日本人として初めてアメリカの教育を受け、一人前の航海士となって鯨を追いかけ大海原を駆け巡った。そして母との再会を果たすべく、砂金掘りで得た資金でボートを購入し、自力で日本に帰還する。

　万次郎と同じ年代の中学生が、フォーカスを読むことによって、彼の行動に驚嘆し、共感を呼び起こすことになるだろう。そして万次郎がそこまで成し遂げた力はなんだろうか、と疑問をもつだろう。そこから一人の少年の成長を通して、幕末の日本をとりまく外国の動きや国内の変動を考えさせていきたい。

2　世界地図から辿るジョン万次郎の冒険の旅

　1841年1月、14歳の万次郎はひとりで働く母を助けるため、兄貴分たちに頼んで漁船に乗せてもらった。沖で漁をしていたところ、運悪く嵐で遭難、無人島の鳥島に漂流した。約半年後、食糧となる海亀を獲りに鳥島近くに来たアメリカの捕鯨船ジョン・ハウランド号に救出された。恐れず何事にも興味を持つ万次郎を、船長のホイットフィールドはかわいがった。万次郎は西洋式捕鯨に興味をもち、そのまま捕鯨船に乗り続けた。その間、船員たちから船の名前にちなんでジョン万とよばれるようになった。1843年5月ニューベッドフォードに帰港すると、万次郎はホイットフィールドの援助で小学校を経て当地の最高上級学校に学び、英語、航海術、捕鯨の技術などを習得した。19歳になった万次郎は、自ら捕鯨船に乗り、約3年にわたって航海をおこなった。この間、彼の航海技術は飛躍的に上達し、下級船員から副船長まで昇格した。

　1849年帰港した直後、カリフォルニアで金が発見されたと聞くと、すぐ現地にはいり砂金を採って600ドル以上の財産を手に入れた。万次郎は、母親との再会を忘れてはいなかったのだ。ホノルルでボートを購入し、上海へ茶を買い付けに行く船の船長に頼み、ボートを船に積んで途中の沖縄で降ろしてもらうことになった。1850年12月、ホノルルを立ち、翌年1月、沖縄近くでボートを降ろしてもらった。後は自力で沖縄に向かい、難しい操縦だったが、摩文仁に上陸することができた。その後長崎で幕府の取り調べを受け、土佐に帰り、母と再会したのが1852年10月であった。

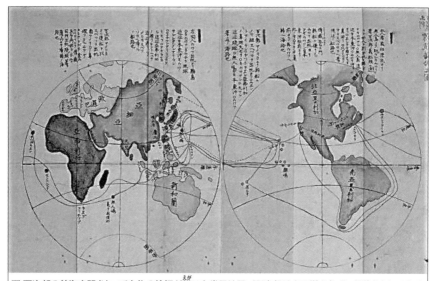

⑤ 万次郎の航海を聞きとって土佐の絵師が描いた世界地図／万次郎は大西洋からインド洋をまわって、太平洋で捕鯨をおこなった。〈『管見戯話』東京都立中央図書館蔵〉

『ともに学ぶ人間の歴史』p.131より

　生徒には実際の世界地図を提示して、万次郎が1841年1月に鳥島に漂流し、アメリカの捕鯨船に助けられ、1843年5月、アメリカの捕鯨基地ニューベットフォード（ボストン近郊）に帰港するまでの航路を大まかに辿らせてみたい。その航路の地点となる、高知（土佐）、鳥島、ホノルル、グアム、タヒチ、ホーン岬、ボストン（ニューベッドフォード）を順々に辿らせて線を引かせる。

　次に、1846年5月に再び捕鯨船に乗る3年間の航路。大西洋を横切り、アゾレス諸島、喜望峰を回りインド洋をいっきに横断、スンダ海峡、ティモール、パプアニューギニア、グアム、小笠原諸島、琉球近海、マニラ、仙台沖合、ホノルル（ここで西に旋回）、グアム、ティモール、インド洋を再び横断、マダガスカル近海、喜望峰を回って、セントヘレナ島近海、大西洋を横切りニューベッドフォード着。

　最後にサンフランシスコに行き、カリフォルニアで砂金を得て、ホノルルを経由して沖縄、高知（土佐）に帰り着くまでの航路、経路を辿らせ、線を引かせる。ニューベッドフォード、ホーン岬、サンフランシスコ、ネバダ、カリフォルニア、

ホノルル、沖縄。このように辿っていくと、どれだけ長い距離を万次郎が航海をしたのかが実感できるだろう。

　教科書131ページに載せてある地図は、聞き取りを行った土佐の絵師が、当時の日本で流行した平射図法の両半球世界図に記入したもの。漂流期間、捕鯨船の乗組員時代、帰国のコースと色分けをしてある。万次郎から聞いて、その航路を線で描いたその絵師も、生徒と同じように、その距離の長さ、行動範囲の広さに驚いたことだろう。

3　なぜ19世紀に捕鯨業が盛んだったのか

　万次郎は、食糧として海亀を獲りに島へやってきたアメリカの捕鯨船に救助された。どうしてアメリカの捕鯨船が日本近海に来ていたのだろうか。1787年イギリスがオーストラリア沖でクジラを獲り始め、アメリカは1821年頃から日本の金華山沖で獲り始めた。イギリスとアメリカは大西洋のクジラを獲り尽くし、太平洋に来たのだった。当時、クジラはいろいろなことに利用されていた。①機械用の潤滑油として②産業革命以降、深夜労働のためのランプの燃料として③婦人が使用したコルセット、ペチコートのバネとして④化粧品の原料として、等である。特にランプの燃料として、鯨油の需要が拡大した。日本では和時計、文楽の操り人形のバネ、肉は食用、骨、内臓は肥料にした。万次郎はアメリカ人がクジラの肉を海に捨てているのを見て、「もったいない。牛、豚を食べるから捨てるのだろうか」と考えた。この当時、2年から3年の遠洋漁業が盛んになり、その中心はホノルル、グアムであった。1840年はホノルルに383隻の捕鯨船が停泊していた。ホッキョククジラ、セミクジラ、マッコウクジラを手銛で撃ち、銃でとどめを刺し、船で解体し、脳油から始まって肉以外のあらゆるところを使った。ジョン万次郎を救助した船は3000樽の鯨油を持ち帰ったという。1840年代から1860年代が盛んな時期で、母船にキャッチャーボート4隻を載せ、1回の航海は3年程度であった。イギリスの船はオーストラリアに犯罪者・流刑者を運び、帰りに鯨油を積んで帰った。アメリカの捕鯨の基地ニューベッドフォードは鯨油によるろうそく産業が発達した。しかし1860年代に石油の油田が発見され、石油の分留が始まると捕鯨業は衰退した。日本は網獲り式の捕鯨であったが、万次

郎によって銛による方式が伝わった。

4　ジョン万次郎から学べること

　世界地図で万次郎の航路を辿らせながら生徒に質問をする。生徒の関心度、知識などを考慮しつつ適当に質問しながら進める。

　（1）「どこの国のどんな船に救助されたか？」バイキング船・ダウ船・ジャンク船・帆船・蒸気船などの図版を示す。教科書にはモリソン号の図版があるのでヒントになる。何人かを指名したあと「こんな船です。アメリカの帆船です」とジョン・ハウランド号の絵（帆船）をかかげる。

　（2）「ジョン万次郎のジョンは、この船の名前からとったそうです。この船は捕鯨船ですが、クジラを獲ってどうしたのだろう」生徒「肉を食べた？」アメリカでの産業革命の様子を説明する。

　（3）ジョン万次郎は一流の航海士となって、今度はさらにホーン岬を回って、1850年5月、サンフランシスコに行きカリフォルニアで砂金を掘る。
「その砂金で何を買ったのだろう？」ハワイに渡り1本マストのボート（アドベンチャー号と命名）を購入した。「何のためにボートを買ったのだろう」

　（4）ジョン万次郎から聞き取りを行った土佐藩の絵師が、世界地図に万次郎の航海ルートを線で書き込んだパネルをみせる。「おそらくこの絵師も君たちと同じように興味深く線を引いたのかもしれないね」となげかける。

　万次郎の学習を通して、世界史的視野にたって、幕末の日本がおかれた状況を理解させたい。すなわち、アメリカやイギリスが産業革命を推進し、その中で捕鯨業や中国市場への進出がおこなわれた延長上に、外国船の到来やペリー来航があることを理解させたい。

　そしてなによりも、生徒との年齢が近いジョン万次郎の異国の地でたくましく生きぬく意志の強さから学び、生徒の「共感」を呼び起こしたい。以下の生徒が書いた感想を読むと、ジョン万次郎は生徒の共感を呼ぶ教材になると考える。

○　生徒の感想

「私はジョン万次郎という人のことを全く知りませんでした。まだ14歳なのに、外人だらけの船に乗って生活したなんて、私は信じられませんでした。それに子どものうちから大人と一緒に働いていたし、ジョン万次郎はしっかりしていて、とてもすごいと思いました。地図をたどって、ジョン万次郎の航路を見ると、世界中を旅したすごさが分かります」(S)

「ジョン万次郎という名前は聞いたことがあったけど、何をしたのかは全く知りませんでした。幼くしてこんな長旅を成し遂げてしまうなんてすごいなぁと思いました。アジアと西欧の社会の違いなど一緒に学ぶことができ、とても中身の濃い授業だったと思います。ジョン万次郎の旅の経路を確認していくうえで、聞いたこともなかった地名がたくさん出てきたので、これをきっかけに、国名や地名をもっとたくさん学んでいかなければならないと感じました」(A)

「ジョン万次郎が勝海舟などと一緒に船に乗ってアメリカへ渡ったという話や、幕末に活躍したということ、遭難した時に助けてくれた船の船長さんが、英語やフォーク・ナイフの使い方まで教えてくれたという話や、お母さんにとても会いたがっていたという話は知っていた。しかし彼がどんなルートで航海をして、どこの国に寄ったか、どれくらいそこに居たのか、などという話は、今回はじめて聞き、とても興味深かった」(K)

「こういう好奇心たっぷりな人こそ、世界史を学ぶには適しているんだなぁーと思った」(T)

【参考文献】

中濱博『中濱万次郎―「アメリカ」を初めて伝えた日本人―』冨山房インターナショナル　2005年（p.30、p.53に万次郎の正確な航路が載っている）

春名徹「異端の海外認識」週刊朝日百科『日本の歴史 96 近世から近代へ8』2004年

東南アジアの日本軍

髙嶋　道

1　子どもの目で「大東亜共栄圏」について考えるために

　シンガポールは、常夏で太陽が明るく降り注ぎ、緑の木々が茂る熱帯の国だ。街は清潔で美しく安全で、人気の高い観光地として日本人に親しまれている。かつて日本軍が「昭南島」と改名し厳しい軍政を強いた歴史は、この国では小学生から学んでいて、誰もが知っている。だが、日本人にはあまり知られていない。

　学び舎の教科書は、子どもが歴史を身近に感じたり、考える教材を心がけてきた。今回の改訂版では、メイン図版に当時シンガポールで発行されていた現地の子ども向け絵本の一部を載せた。これを見た生徒たちはどんな問いを抱くだろうか。まず、「日本ゴヲ　ベンキョウ　スル」って書いてあるけど、なぜ？と疑問が出そうだ。下段の文にも注目させたい。カタカナで、しかも旧かなづかいなので、ちょっと読みにくい。例えば、「ブンクァ　コウヨウ」（文化高揚）とある。教師がアドバイスしながらでも最後まで読んでみたい。生徒たちがわからないことばやヘンダな、あるいは、なぜと思うところに線を引いたりして、それを出し合ってみると、様々な疑問や意見が出そうだ。その下のフォーカスを読み、小学校生活を想像する。「日本軍は、なぜシンガポールを占領したのだろうか」「昭南ってどんな意味なの」「えっ、毎朝ヒノマルを揚げ、キミガヨを歌ったりしたの。どうして」などの声があがるのではないか。日本軍は、昭南駅、昭南郵便管理局、昭南医科大学、昭南市バスなどに次々と改称した。新聞は検閲をし、ラジオは一局しか聞けないようにして思想統制をはかった。

「もしも、みなさんがシンガポールの小学生だったら、どんな気持ちで、毎日を過ごしたでしょうか」と聞いてみたい。さまざまな問いや感想が出るだろう。当時、アジア太平洋戦争は自衛の戦争であり、「大東亜共栄圏」をめざす聖戦とされていた。この実相をシンガポールの例から見つめてみる。

（縦書き絵本のテキスト、右から左へ）

ヤク　ベンキヤウ　シマセウ。
ソシテ　ダイトウア　ノ
シマセウ。マタ　カヒ　ニ
ソレバ　ベンキヤウ　ガ
クヮ　イヨイヨ　サカン　ニ
人ガ　タガヒ　ニ
シマセウ。マタ　カヒ　ニ
ヤク　ベンキヤウ　シマセウ。
ニ　ナリマス。

ハタライテモ、シアハセ
シテ　クレマセン　デシタ。シカシ
シ、コレカラ　ハ
ハタラク　ホド、ベンキヤウ
スレバ　スル　ホド、シアハセ
ニ　ナリマス。

日本語学校

プンクヮ　コウヤウ
アメリカ　ヤ　イギリス
オランダ　ヘ、私ダチ　ガ
ニ　ベンキヤウ　シテ　ヰ

日本ゴ　ヲ
ベンキヤウ　スル

日本ニ　行ツテ　ベンキヤウ　スル

① シンガポールで子ども向けに出版された絵本

（8） 東南アジアの日本軍 ——アジア太平洋戦争——

マレー半島，ハワイ攻撃の後，日本軍は東南アジアでどんなことをしたか。現地の人びととはどうしたか。

戦争の名称
当時の日本政府は，この戦争を，中国との戦争をふくめて，大東亜戦争と命名した。
第二次世界大戦後は，太平洋戦争ともよばれてきたが，戦いは広くアジアや太平洋地域に広げられたため，アジア太平洋戦争ともよばれるようになった。

② 日本軍が発行した10ドル紙幣／戦後は紙くず同然になってしまった。

シンガポールで処刑を目撃した人の話
大勢の男たちがトラックに乗せられ，海岸で銃殺された。日本人将校は，お前たちも蔣介石の抗日を助けたので，その運命は彼らと同じだと言った。私たちは泣きわめきながら助けを求めた。
（一部要約）〈『大戦と南僑』より〉

昭南島と改名されたシンガポール 🔍フォーカス

1942年2月15日，日本軍はイギリス領シンガポールを占領し，2日後には昭南島と改名しました。日本の占領下で，人びとの生活は大きく変わりました。小学校では，毎朝「ヒノマル」をあげ，日本に向かって敬礼し，「キミガヨ」を歌ってから，授業が始まりました。日本語による教育がおこなわれるようになりました。天長節（日本の天皇誕生日）には，おとなも子どもも日の丸を掲げて，お祝いのパレードに参加させられました。

戦場は、東南アジアや太平洋に拡大

中国民衆の抵抗によって，日中戦争は長引いていました。日本は，石油や鉄鉱石などの獲得のため，東南アジアへの進出をめざしました。1940年には，フランス領インドシナ（ベトナム）の北部に軍隊を送り，一方でドイツ・イタリアと軍事同盟を結びました（日独伊三国同盟）。

日本の進出は，アメリカ（米），イギリス（英）やオランダなどとの対立を深めました。これらの国は東南アジアに植民地をもち，米・英が中国へ援助物資を送っていたからです。1941年，日本は日ソ中立条約を結び，北方の安全をはかり，インドシナ南部に進駐しました。

アメリカは日本への石油輸出を禁止し，「日本軍は，中国とインドシナから撤退すべき」と要求しました。日本は要求を拒否し，1941年12月8日，陸軍はイギリス領マラヤのコタバルに上陸しました。海軍はハワイ真珠湾のアメリカ海軍基地を奇襲攻撃し，米・英とも戦争を始

228

2　日本軍はなぜコタバルに敵前上陸し、シンガポールをめざしたのか

　日中戦争は泥沼化して先の見えない状況だった。それを打開するには、戦争を継続するための資源確保が必要で、そこでねらったのが東南アジアだ。石油をはじめ鉄鉱石、石炭、ゴム、ボーキサイト、錫などが豊富にあり、労働力も多い。

　当時の東南アジアは、イギリス、フランス、オランダ、アメリカなどが植民地にしていた。独立国はタイだけだった。イギリスはシンガポールの軍事拠点化を強めていた。日本は、そのシンガポールを東南アジア支配の要として位置づけた。イギリスは日本の思惑を察知し、シンガポールの南側に向けて大型大砲を設置し備えていた。このため日本軍は、海上からの攻撃を断念し、マレー半島東岸に上陸し北側からの進攻作戦を計画した。1941年12月8日午前2時15分、陸軍は東海岸コタバルに上陸しイギリス軍と激戦になった。こうしてアジア太平洋戦争が始まった。海軍は約1時間後の午前3時20分、ハワイの真珠湾に奇襲攻撃をした。西太平洋の制海権獲得をねらったのだ。

　また、陸軍主力部隊はコタバルよりやや北のタイ領のシンゴラやパタニに上陸し、タイ軍と闘い、半島を横断して西海岸側を南下しシンガポールをめざした。実は、タイとは1940年に友好中立条約を締結していた。独立国の領土侵犯と条約違反は、明らかに国際法違反である。日本軍の正式記録にはこの戦闘の記録がない。なぜか、これについては紙幅の関係でここでは触れない。

3　日本の占領時代はなぜ、「Dark Years」とよばれているのか

　日本軍は破竹の勢いでマレー半島のイギリス軍を破りジョホール水道を渡った。1942年2月15日、ブキティマのフォード工場で山下奉文軍司令官はパーシバル中将に降伏文書に調印させた。翌日、日本軍は戦車でパレードを行い市中を威圧し、2日後には「昭南島」と改名した。輝く南の島とか昭和の島などの意味だと言われている。シンガポールの陥落は、日本では、祝賀の大パレードがあり、清酒や砂糖の特別配給、学童にはゴムまりが配られたりした。当時国民学

> 「十億の進軍」
> ひとたび起てば　電撃に
> 微塵と砕く　真珠湾
> 香港破り　マニラ抜き
> シンガポールの朝風に
> 今ひるがえる日章旗
> 　　　時雨音羽・詞　林伊佐緒・曲

校初等科４年生だった山中恒は旗行列のために歌を練習し、子どもたちは誇らしげに歌ったことを思い起こしている（『ボクラ少国民と戦争応援歌』）。

　日本軍の恐怖が人びとに一挙にたかまったのが「大検証」と呼ばれる粛正であった。華僑大虐殺である。陥落のわずか３日後、山下奉文軍司令官は「抗日反日分子の掃討」を21日から23日に実施せよと命令した。日中戦争で中国を支援している華僑を敵視し処分するためだ。19日には、18歳から50歳の男子に「水と食べ物を持参して21日までに指定の地区に集合せよ」と通達があり、７カ所に集められた者たちの中から日本軍（憲兵）が「抗日反日分子」を選別した。炎天下で行列して待たされた後の選別は、基準は一応あるものの極めて杜撰であった。日本軍の兵士は、ことばがわからないので、地元の華僑を雇い覆面をさせて協力させた。疑われた者は財産家、銀行員、医者、教員、居住が５年以内の者などで、眼鏡をかけている者は、インテリと推定し疑われた。検査で許可された者には「検査済み」の押印の証明書を渡されたり、顔や腕や衣服に押印されたりした者もいた。しばらくは手足も洗えない人たちがいたのだ。

　疑われた人たちの多くはトラックで運ばれ、海岸やくぼ地に連行され処刑された。チャンギー海岸、セントーサ島沖、ブンゴル島沖などである。50人を１グループとし、それぞれに長い穴を掘らせた後に、腕を縛り目隠しをして機関銃で射殺。塹壕のなかに立たせたり、海に突き落として射殺もした。日本軍は1937年の南京大虐殺が国際的に批判されたことから、遺体を隠し見えないようにしたと言われている。奇跡的に辛うじて生き残った人たちの証言は、国立公文書館や戦争博物館などに多く残されている。この大虐殺は戦闘終了後であり、しかも裁判もせずに処刑したのは明らかに国際法に違反した行為だ。日本軍側は氏名も人数も記録を残していない。犠牲者数は、日本側では2,000人、5,000人などの説があるが、華僑側では数万人と主張していて決着はついていない。憲兵からも「遺憾な事件であり、この事件は大東亜戦争史上一大汚点となった」（全国憲友会連合会『日本憲兵正史』）とされている。当時極秘だった大虐殺は、戦後の東京裁判で漸く明らかにされた。

「大検証」によって父や兄を失った家族の悲しみと苦労は測り知れない。人びとは恐怖と不安の中で生活することになった。

日本軍占領直後、学校は閉鎖された。やがて再開されたが、戻れない子どもが多く、学ぶ機会が奪われた。

　学校では毎朝、君が代と軍歌などを歌い、東京方面（日本の皇居）に敬礼してから授業が始まった。やがてラジオ体操もするようになった。英語に替わり日本語が必修になり、天皇は神であり、ありがたい存在であること、などいわゆる皇民化教育が強められた。天長節には日の丸の旗を掲揚し、パレードに参加することが義務づけられた。マレー人の多くはイスラム教徒であり、偶像礼拝を禁止されていることへの配慮は全くなかった。どれほど苦痛だったろうか。

　市民生活も激変した。日本の警察制度や行政組織が持ち込まれ、末端は隣組制度を取り込み住民が監視しあうようにして治安の維持を図った。年号は、西暦から昭和に変えさせた。驚いたことに、出生届には皇紀（神武天皇即位以来の年号）が記された。時差を取りやめ、東京時間を強制した。人びとは、生活時間が2時間早くなり、夜明け前から行動することになり、暮らしは大きく変化した。また伊勢神宮を模倣した昭南神社を創建した。建築資材は檜を日本から持ち込んだ。天長節等には日本軍関係や日本企業で働いていた職員は全員、学童たちとともに参拝が強制された。

　丁寧なオジギが強要された。街中に立つ日本兵（憲兵）には体を正面に向けてから敬礼をしないと、ビンタを受けた。日本語が使えると就職にも有利であり、大小の日本語学校が開設された。ラッフルズホテルは「昭南旅館」と改称され、スタッフたちは着物姿で応対した。ここは日本軍の将校たちが利用していた。

　経済的にも大打撃を受けた。日本軍はマラヤ（今のマレーシアとシンガポール）の華僑に総計で5000万海峡ドルの「奉納金」を強要した。財産に応じてのいわば強制寄付であり、各自の不足金は横浜正金銀行から借金して支払わされた。

　従来の貿易ルートが閉鎖され、物資不足になった。特に食糧は日本軍優先とされ、米、塩、砂糖は統制物資とされ配給制となった。闇市では物価が急騰した。米価は30倍となった。物価上昇の一つの要因になったのが軍票である。図版[2]の写真10ドル紙幣はBanana Noteと呼ばれた。目を凝らして観察してみてほしい。何と、発行番号がない。はじめのうちは番号があったが、後には番号をつけずに発行した。どれほど濫発されたか想像もつかない。

日本の子ど
もたちがその
ころ歌ってい
た歌からは、
軍政下にあっ

（二）　ここにうまれし十億の　人の心はみな一つ
　　　　盟主日本の旗のもと、ちかいて守る鉄の陣
（三）　空は晴れたり、あかつきの　ひかりあふるる四方の海
　　　　みなはらからとむつみあい、こぞりて築け、大東亜
（『初等科音楽三』五年生用）

たシンガポールの人びとの生活は想像もつかなかったであろう。

4　追悼碑は語り続けている

　1960 年代に各地の工事現場で大量の遺骨が見つかり、全島で遺骨収集が行わ
れた。日本への賠償要求が高まり、63 年 8 月には 10 万人の集会が持たれた。日
本政府は民衆の不満や批判の沈静化を図ろうとして、漸く 1967 年 9 月に有償無
償計 5000 万ドルの賠償協定を結んだ。この賠償には、日本企業が技術援助や工
事に進出して利益を得たことが指摘されている。

　一方、華人による大規模な募金活動が開始され、
中華総商会（華人団体）とシンガポール政府が折半
で 1967 年 2 月 15 日に追悼碑『日治佔領時期死難人
民紀念碑』（血債の塔）を建立した。聳え立つ白亜
の塔は高さ 68 メートル。塔と人工池の下には、35
カ所の犠牲者の遺骨を納めた 605 の大甕が埋葬され
ている。毎年 2 月 15 日の追悼行事には、民族、宗教、
世代を超えて 1,000 人以上が集う。小中高の生徒や
大学生も参加して、「日本占領時代」を想起し、歴
史を語り継ぎ、平和を希求する場となっている。

【参考文献】
リー・ギョク・ボイ『日本のシンガポール占領　証言「昭南島」の 3 年半』凱風
　　社　2013 年
林博史『シンガポール華僑粛清—日本軍はシンガポールで何をしたのか』高文研
　　2007 年

豊かさとその代償

鳥塚 義和

[1]「三種の神器」とよばれた家庭電化製品〈和倉昭和博物館とおもちゃ館蔵〉

[2]「夢の島」と名づけられたゴミ埋立地
（1970年　東京都）〈時事通信社提供〉

(8) 豊かさとその代償 ―高度経済成長―

洗濯機やテレビがわが家にやってきた。人びとの暮らしはどう変わっていくのだろうか。

『ともに学ぶ人間の歴史』p.262より

1 「身近で意外」なことから

授業の導入は、教科書のメイン図版を使う。図版[1]として、白黒テレビ・電気冷蔵庫・電気洗濯機の写真を載せた。まず、子どもたちに気がついたことを、自由に発表させる。「テレビに足が生えている」「画面は小さいけど分厚い箱みたい」「洗濯機の右上のハンドルは何だろう」「ナショナルってメーカーがあったんだ」。

身近で見馴れた電化製品だが、今のものとはちょっと違う。学力差に関係なく、誰でも何かしら発見があり、一言言いたくなる。「身近で意外」な教材は問いを生み出す。テレビが分厚い箱だったのはなぜか。真空管、トランジスタ、ICチップの実物を持ち込み、技術の進歩を語るのもいい。長者番付の常連だった松下

幸之助の話もしたい。

「3つの中で、一番ほしかったのはどれだろう」。挙手させる。テレビに人気が集まる。「では、お母さんだったらやはりテレビなのか」と問うと、「洗濯機だ」という答え。§1「『洗多苦』からの解放」を読む。今の生徒には、たらいと洗濯板で洗濯のパフォーマンスも必要かもしれない。

本文に「電気洗濯機が売り出されました。合成洗剤が使われ始め、手ぶくろやホースはビニール製に、バケツや洗濯ばさみはプラスチック製に変わっていきます」とある。わざと、何から変わったのか書いていない。「それまではどんな材質のものだったのか」と疑問に思う子がいるだろう。手ぶくろやホースはゴム製、バケツはブリキ製、洗濯ばさみは木製だった。「合成洗剤の前はどんなものか」。石鹸だ。合成洗剤、ビニール、プラスチックはどれも化学工業製品。初めは石炭からつくっていたが、石油に変わっていった。ここは水俣病学習の伏線となる。

1970年代、次々に新しい製品が売り出された。サンヨーのカラーテレビCMを見せる。「『うちのテレビにゃ色がない、隣のテレビにゃ色がある』と歌われたら、どんな気持ちになるか」と聞いてみよう。「そりゃあ、カラーテレビがほしくなる」「じっと我慢（笑）」。購買欲をかき立てられる。電通PRセンターの「戦略十訓」を紹介する。具体例も身の回りにたくさんある。

もっと使用させろ	捨てさせろ	ムダ使いさせろ	気安く買わせろ
贈りものにさせろ	季節を忘れさせろ	コンビナートで使わせろ	
キッカケを投じろ	流行遅れにさせろ	混乱をつくりだせ	

（伊東光晴『現代の資本主義』筑摩書房、p.234）

「カラーテレビを買ったら、白黒テレビはどうなるの」と聞けば、「捨てる」話につながる。図版2に「夢の島」のゴミ埋立地の写真がある。今のように分別、回収はせず、そのまま廃棄、埋め立てられていったわけで、高度経済成長は、大衆消費社会、大量生産・大量消費・大量廃棄の経済を生み出した。

2 若者は農村から都会へ

　教科書には「熊本駅から出発する集団就職の列車」の写真がある。それからわかること。「男の子は学生服だ」「中学卒業で就職したんだ」「見送るお母さんも泣いている」「これからどこへ行くのだろう」。近い年齢の子どもたちの姿なので、共感が生まれやすい。学校がある地域の写真を使えば効果的だろう。§2「農村から都市へ」を読む。中卒の少年少女たちが集団で列車に乗り、東京や大阪など大都市に行き、町工場や商店で働くようになった。歌謡曲「あゝ上野駅」を流すのもいい。映画『ALWAYS三丁目の夕日』も使える。

　次に、会社はなぜ「金の卵」とよんだのか、考えさせる。図版7の表（1965年の進学率と学歴・男女別の月給）から中卒賃金の安さに気づく。高い収入を得るために、高い学歴を求めるようになっていくのは、今も同じだ。男女差、特に大卒女子にも目を向けさせたい。

　都会の安アパート暮らしの若者は、結婚したら、図版5の写真のような団地に住むことにあこがれた。地域に大規模団地があれば紹介したい。人口の都市への集中は、農村からの出稼ぎ、過疎の問題、一方都市では夢の島における「ゴミ戦争」などを生み出した。

3 水俣病の発生と会社の対応

　2時間目は水俣病をとりあげる。教科書は開かない。答えを教科書に探すのではなく、自分の頭で考え、時代の中に身を置いて考えさせたいからだ。

　前時の復習も兼ねて、「ビニール製のものを3つ、ノートに書きだしなさい」と指示する。袋、傘、ホース、バッグ、人形おもちゃ、サンダル、テーブルクロス（図版5の食卓の写真にもある）、シート、ビニールハウスなどが出てくる。

　水俣病について知っていることを発表させる。「手足が不自由になる」「チッソという会社が起こした」「水銀を垂れ流したのが原因」などと答えるだろう。劇症患者の例を映像で見せる。胎児性水俣病のことを紹介する。

　チッソは、合成樹脂を柔らかくして形を変えるための可塑剤の原料（アセトアルデヒドから合成したオクタノール）をつくっていた。そのアセトアルデヒド製造工程で有機水銀が発生した。チッソはオクタノールの国内生産の7割以上を占

め、ほぼ市場を独占していた。水俣病の発生と発見までの経緯を水俣病年表でたどる。異変は魚、ネコ、そして人間へと及んでいった。

水俣病年表 （水俣芦北公害研究サークル『水俣病・授業実践のために』2007年
原田正純『水俣病』岩波新書、1972年などから作成）

1946年　アセトアルデヒド酢酸工場の生産を再開。廃水を無処理で流す。

1949年　塩化ビニル生産再開。水俣湾内で、タコ・イカ・タイ・エビがとれなく
　　　　なる。魚が浮上し、手ですくえるようになる。

1953年　ネコが踊り狂って死ぬ。水俣病患者第1号発生。

1956年　チッソ水俣工場付属病院の院長細川一が「奇病」が発生したと水俣保健
　　　　所に報告（正式発見）。熊本大学医学部が水俣病研究班を設置。

1957年　熊本県衛生部、水俣病の原因はチッソの廃水にあると発表。

1959年7月　細川院長が工場廃水を直接ネコに与えて実験を始めた。

　　　　7月　熊大研究班がチッソの廃水中の有機水銀が原因ではないかと発表。

　　　　10月6日　ネコ実験でネコ400号が発病する。

　チッソは、細川院長から
ネコ実験の結果の報告を受
け、どう対応したと思うか。
　チッソの対応を紹介する。

①	公表し、廃水を止めた
②	公表せず、密かに廃水処理を始めた
③	原因は他にあると反論し、廃水を続けた

有機水銀説に反論して、水俣湾に捨てた爆薬が原因との爆薬説を発表し（10月24日）、ネコ実験をやめさせた（11月30日）。サイクレーター（廃水浄化処理施設）をつくったが（12月20日）、アセトアルデヒド廃水はこの中を通さなかった。患者団体とは「見舞金契約」（12月30日）を結んだ。見舞金契約には、次の一項が含まれていた。「将来、水俣病が工場排水に起因することが決定した場合においても新たな補償金の要求は一切行わないものとする」。

　チッソはアセトアルデヒドの工場廃水を無処理のまま流し続けた。1966年に「閉鎖式循環式廃水処理方法」を導入し、有機水銀の排出が止まった。この装置に要した費用は、当時の金額で150万円にすぎなかった（岩渕孝「いま、水俣病から何を学ぶか」『歴史地理教育』700号）。

4 政府の責任を考える

　1964年にはまだ「公害」という言葉は国語辞書に収録されていなかった。宇井純『公害の政治学』は1968年、石牟礼道子『苦海浄土』は1969年に出版され、このころから公害が社会問題化していった。「公害列島」「公害先進国」という言葉も生まれた。

　1969年、患者と家族がチッソを相手に訴えをおこし、水俣病裁判が始まった。チッソは、水俣病の予見はできなかったから不可抗力であると主張した。1973年、判決が出て、患者の言い分が認められ、チッソが敗れた。

判決の骨子 （前掲『水俣病・授業実践のために』より）

1. 水俣病のおこりは、チッソ水俣工場から流されたアセトアルデヒド廃水中の有機水銀化合物の作用によるものである。
2. チッソ水俣工場は工場廃水を工場の外に流すときに安全をたしかめなければならないのに、それをおこたったから、過失責任がある。
3. 見舞金契約は無効である。
4. 患者、家族のうけた精神的苦しさ、社会的迫害や…を考えて、死者1,600万円、生存者1,600万円〜1,800万円を基準に支払うこと。

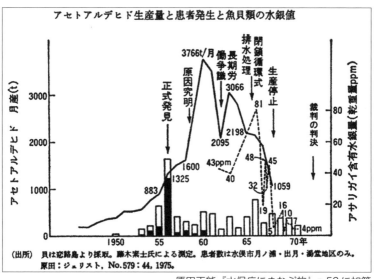

原田正純『水俣病にまなぶ旅』p.52に加筆

グラフから、これまでの経過を確認していく。

・実線がアセトアルデヒドの生産量。最大になったのは何年か──1960年。

・棒線が患者の発生数。1959年にサイクレーター設置で、発生は止まったか。

・水俣工場のアセトアルデヒド生産が停止されたのは何年か──1968年。

・チッソはアセトアルデヒドをつくるのをやめたのか。1963年に千葉県の五井にチッソの石油化学工場をつくり、石油からつくるように変えたのだ。

　では、日本政府はこの間どういう対応をしたのか。

政府が「水俣病の原因はチッソ水俣工場の廃水にある」と認定したのはいつか。

①1959年、厚生省食品衛生調査会が有機水銀説を認めたとき。

②1966年、チッソが閉鎖循環式廃水処理を導入したとき。

③1968年、水俣工場のアセトアルデヒド生産が停止されたとき。

④1973年、水俣病裁判の判決が出たとき。

教科書を開け、§3「豊かさのかげに」を読む。政府が水俣病の原因を認定したのは1968年。なぜ正式発見から12年もかかったのか、政府に責任はあるか、話し合う。

　最後に水俣からのメッセージを紹介したい。

1　水俣病センター相思社の活動。かつて農薬には有機水銀が含まれていた。患者たちはみかんや甘夏の無農薬有機栽培にとりくんだ。1974年には水俣病センター相思社を設立し、歴史考証館をつくった。

http://www.soshisha.org/jp/about_soshisha/history/establishment

2　浜元二徳の活動…19歳の時に発病、両親も水俣病で死亡。第一次訴訟原告。1972年、ストックホルムの国際環境会議に参加。カナダの先住民居留地での水銀汚染調査に同行、ケニアのナイロビで開かれた国連環境会議にも出席した。語り部として「No more Minamata」と訴え続ける。最首悟『出月私記－浜元二徳語り』（新曜社、1989年）を参照。

3　医師原田正純の生き方…水俣病研究と患者の救済に一生をかけた。「水俣学」を提唱した。『いのちの旅』（岩波現代文庫、2016年）が読みやすい。

第10章（14）大震災とグローバル化

3月11日午後2時46分

髙橋 美由紀

1　はじめに

　海を3時間も泳いで、18人の命を救い、難民のための活動家になった少女がいた。その少女は、シリア人の競泳選手ユスラ・マルディニさん。

　2015年夏、当時17歳のユスラは、激しい争いが続くシリアからの避難を余儀なくされた。しかし、トルコからギリシャのレスボス島に逃れる途中にボートが故障。姉と一緒に海に飛びこみ、ボートを引っ張りながら泳ぎ続け、同乗していた人びとを助けた。その後、ユスラは、史上初の難民選手団の一員として、2016年のリオ五輪に出場した。今ドイツで、ユスラは練習に励み、今夏（2020年）の東京五輪への出場を目指している。その一方、難民の状況を少しでも世界に伝えたいと、精力的に活動を続けている。

　いまから30年近く前の1992年、ブラジルで開催された「地球サミット」で、環境保護を訴えた12歳の少女がいた。その少女は、カナダ出身の日系4世、セヴァン・カリス・スズキさん。彼女のスピーチは「世界を5分間沈黙させた」名スピーチと言われ、若き活動家として今日のグレタ・トゥーンベリさんのような注目を集めた。

　16歳のグレタは、スウェーデンの環境活動家で、2019年9月の国連本部で開かれた「気候行動サミット」で、「人びとは困窮し、死にひんし、生態系は崩壊している。それでもあなたたちはお金と、永遠に続く経済成長という『おとぎ話』を語っている。よくもそんなことが！（How dare you!）」と、怒りの声を震わせ演説した。

　この30年間で、世界は大きく変化し、子どもを取り巻く環境も劇的に変わった。現在の世界を見わたすと、4人に1人の子どもが災害や紛争などの緊急事態にある国や地域で暮らし、7000万人をこえる世界の難民・避難民の半数が子ど

もだと言われている。

　これらの事象を目の当りにし、子どもの命が奪われていくとき、おとなは何をすべきか、あなたは何をすべきかと、私たちは子どもに問われている。しかし、おとなが責任を持ち、これらの事象に向き合っていくことがじゅうぶんにできていない。そのため、子どもたち自身が、自分たちの持つ権利について知り、学び、声を上げている。学び舎の『ともに学ぶ人間の歴史』では、第10章の章末の3テーマで、子どものチカラに着目して、明日のために行動している子どもたちを叙述するようにした。本稿では、その3テーマの中から「3月11日午後2時46分」を取り上げることとした。

2　静から動へ

　現行版の「3月11日午後2時46分」のページを開くと、卒業証書を持つ二人の少女の写真が目に飛び込んでくる。一人は制服で、もう一人は体操着での卒業式の光景である。二人の手にしているものは同じだが、服装が違うことに注目させて、この授業は始まる。「二人はどんな経験をしたのだろう」「来年3月突然に、卒業式が中止になり、出席できなくなったら、どんな気持ちになるだろう」などと、同じ中学3年生として、写真の少女に思いを寄せていく。

　本文 §1の「被災した15歳」を読み進めると、津波で同級生を失った卒業生の答辞から、この大地震の様子を知り、同じ日に福島では何が起きたのか、その原発事故の被害にあった小学生の手紙に学習者は惹きつけられる。

　一方、改訂版の「3月11日午後2時46分」では、男子高校生が筆を持ち、木柱を囲んでいる写真へと変更した。

　二度と被害をくり返したくないと、県立大槌高校2年生（当時）だった吉田優作さんが木碑を建てることを考えた。町には、昭和三陸津波の教訓が刻まれた石碑がたくさんあったが、時間と共に風景の一部になってしまい、教訓が忘れられ、ほとんど意識することはなかったという。あえて朽ちる木を使い、建て替えるたびに震災を思い出してもらおうという試みだった。

　初代の木碑（2013年）には、地域住民と相談して、「大きな地震が来たら戻らず高台へ」と刻まれ、2017年に建て替えられた木碑には、「あたり前のことに感

謝する　誰かの命を助けたいなら、代わりのない自分から」と書き込まれた。

　さらに、第10章の最終ページの「未来はわたしたちの手の中に」では、津波で、町の7割の建物が被災した宮城県女川町で、防潮堤を造らずに更地になった土地に新たな町をつくる事業の様子を紹介した。町民は、持続可能な町のしくみを作り次世代に引き継いでいくために、町の利用計画から建造物のデザインまで、町全体の方向性を、何度も話し合った。話し合いの場には、小中学生も参加し、30代40代が中心となって動き、「60代は口を出さず、50代は口を出してもいいけど手は出さず」といった上の世代が支える形で、次世代が中心となったまちづくりが進められた。

　新旧版を比べると、現行版では、すべての人やモノが静止し張りつめた様子から、読み手に強い緊張感を与えていたが、改訂版では、子どもが自分の暮らす地域の一員として、この大地震を乗り越えようとするふるまいや行動の様子から、読み手が希望を抱けるようにと、子どものチカラを前面に出したページにした。

3　記憶のカタチ

　2021年にこの改訂版で学習する子どもたちは、この大地震をどのくらい記憶しているのだろうか。「この日、どこで何をしていたか。この日のことを、覚えているか」と尋ねたら、学習者からどのような声を聞くことができるのだろうか。「小さい時だから、よく覚えていない」「こわかった」「両親や兄弟、祖母から聞いたことがある」「テレビで見た」「田舎が被害にあった」「知らない」。おそらく4,5歳児の頃の記憶になるので、断片的なものになるのだろう。

　第10章の「3月11日午後2時46分」は、中学社会の地理・歴史・公民3分野を連動させて、多面的に学ぶことができるテーマである。歴史的分野では、古代からくり返されてきた震災が、人びとにもたらした教訓や変革を学び、記憶が風化する中で、歴史的事象をどのように語り継いでいくかを考えたい。

　自然災害はくり返されてきた。古代以来、日本は、地震と津波の影響を受けてきている。現行版から、「安政の大地震」や「関東大震災」を取り上げているが、古代（869年貞観地震）から調べてみることで新しい気づきもあると思われる。また、子どもたちが暮らしている地域で起きた自然災害を調べてみる。新旧版と

もに「3月11日午後2時46分」というタイトルをつけてはいるが、このタイトルに入る数字は、子どもたちが暮らす地域によって、変更され、語り継ぐ内容も異なるはずであり、そのような実践報告がされていくことを期待したい。

　風化する記憶を語り継ぐことは、防災や減災にもつながる。例として、1933年（昭和8年）の地震による津波の後で、岩手県宮古市重茂姉吉〔おもえあねよし〕地区に建てられた石碑がある。「此処より下に家を建てるな」と書いた石碑が建てられ、それを守ってきた集落は、東日本大震災での被害がなかった。

　一方で、「失敗は人に伝わりにくい」「失敗は伝達されていく中で減衰していく」という失敗情報の持つ性質から、一度経験した失敗がごく短期間のうちに忘れられ、再び同じ失敗を繰り返すことは珍しくない。先の石碑の例でも、教訓を忘れ、便利さゆえに海岸線に住み続けて、津波の被害にあっている地域もある。

　人びとの暮らしを奪うのは自然災害だけではない。戦争も人々を苦しめる。これらを、一人ひとりの心に留めて、過去の人びとの経験を語り継いでいくには、どのようなことができるのかを考えたい。

「過去と向き合う」ことの困難さは日本だけでなく、どの国にもあり、いまとなっては模範とされるドイツでさえも、戦後しばらくの間は負の歴史を忘れようとした時代があった。それを克服しつつある現在のドイツの姿から学ぶことはたくさんあり、世界中でその共有と実践が始まっているのだということが、『「ホロコーストの記憶」を歩く』（石岡史子著、子どもの未来社）で紹介されている。

　数多くの記憶のカタチの一例として、ドイツのベルリンでは、足元のつまずきの石には、ここに住んでいた人の名前と連行され殺された日付が彫り込まれている。街灯にはネコの絵の看板、その下には「ユダヤ人はあらゆるペットを飼ってはいけない。1942年2月15日」とある。

　1993年に、およそ80個の看板がたてられ、それぞれにナチ・ドイツが制定した法律の条文が書かれている。これらの場所を、ベルリンでは、人びとの記憶から消えないように、「記憶の場所（Orte des Erinnerns）」と呼び、残している。

4　おわりに

　本稿の冒頭に挙げた二人の少女のスピーチ全文を中学1年生の授業で読み比べ

た。ある生徒の感想に次のようなものがあった。

「セヴァンさんのスピーチは、大人にお願いする形のスピーチだったのに、グレタさんのスピーチは、もはや宣戦布告のようにもとれる。つまり、この間の30数年で、環境はより悪化しているということだと思う。あと30数年したら人類はいないかもしれないと、そう思って生きていきたい」

　人はいなくなるかもしれない、だからそう思って生きていく、と13歳になったばかりの子どもの目に映る世界はシビアだ。

　国連児童基金（ユニセフ）は、2019年版の「世界子供白書」で、2018年の1年間、5歳の誕生日を迎えることなく亡くなる子どもは、530万人となったと報告した。6秒にひとり、1日に約1万5,000人の5歳未満児が命を落としている。

　一方、セヴァンが活動していた1990年代では、年間1,250万人、2.5秒にひとり、1日に約3万4,000人の5歳未満児が命を落としていた。予防可能な病気で、年間に、おおよそ東京都の人口に相当する子どもの命が奪われていた。この1秒を縮めるために多くの人の粘り強い努力があっての前進だった。

　人間の罪業は多くの子どもの死で認識すべきである。愚かな人間が引き起こす人災だ。私たちはこの不幸の原点を常に念頭に置くべきである。保身のため政争に明け暮れる政治家、グローバル化の時代に、市場経済で金儲けに血道をあげる人間は、人類の幸福に向けた人間らしい活動をするべきだ。

　東日本大震災による福島の原発事故を受けて、2011年6月、チェルノブイリ原発事故による放射能汚染を直接経験したドイツは他国に先駆けていちはやく「脱原発」を宣言した。ところが被災国日本では、原発批判の声は大きくならず、東京五輪を「復興五輪」と銘打って、収束させたがっているように映る。ドイツはホロコーストへの反省から、難民を助けることを憲法に謳っている。ドイツ人は、自らの過去を振り返り、現在直面している問題に対しても、記憶をよりどころに対応を決めようと試行錯誤を続けている。

　人間にとって子ども以上の宝物はない。ヤヌシュ・コルチャックの言葉に「子どもは未来ではなく、いまを生きている人間である」というのがある。いま、子どもは見ている。いま、子どもは声を上げている。それに対して、おとなに何ができるのか。私に何ができるのか。あなたはどうしますか。

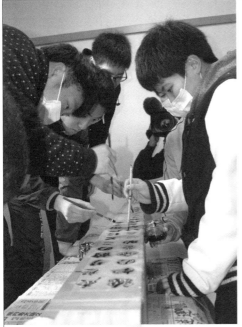

■ 木碑を書く高校生たち
（『毎日新聞』2017年2月25日）

（14）
3月11日
午後2時46分
―大震災とグローバル化―

大震災をどのように記憶していくのか。
この経験で人びとの暮らしはどのように変わったのか。

■ 石碑から木碑へ

　岩手県大槌町には、「大きな地震が来たら戻らず高台へ」と書きこまれた木碑（木柱）があります。2011年3月11日，午後2時46分。三陸沖でマグニチュード9.0の大地震が起きました。最大震度7の揺れと国内観測史上最大の津波により，東北・関東地方を中心に広い範囲で被害が出ました（東日本大震災）。この町でも震災で1200人余りが犠牲になりました。

　町には，昭和三陸津波（1933年）の教訓が刻まれた石碑がたくさんありました。しかし，2011年の震災当時中学生だった少年が高校生になったときに，木碑を建てることを思いつきました。少年は住民と話し合い，あえて朽ちる木を使い，建て替えるたびに震災を思い出してもらおうと，4年に1度の建て替えをすることにしました。

■ 変わりゆく被災地の風景

　この大地震は，福島県の沿岸部も襲いました。双葉町と大熊町にまたがる東京電力福島第一原子力発電所では，高さ14mの津波が堤防を乗り越え，敷地内に大量の海水が流れ込みました。すべての電源が失われ原子炉の冷却ができなくなったため，燃料棒が2800℃以上になって溶け落ち（メルトダウン），建屋で水素爆発も起こりました。放出され吹き上げられた放射性物質が飛び散り，陸地も海も汚染しました。廃炉に向けた作業は続いていますが，困難をきわめています。

　福島原発の事故の影響で，福島県の11市町村の8万人以上の住民は，政府の指示により，着の身着のままで避難しました。政府の指示のない地域から自主的に避難した人びとも多くいます。その後，徐々に避難指示が解除されても，避難先で家を借りたりして，生活の拠点が避難先に移っている家庭が増えました。そのために，故郷に戻る人が少なくなる

福島の子ども（小学5年生）の手紙

　ことしはほうしゃのえいきょうでプールに入れず，また，たくさんの友だちが，ひなんしたり，てんこうしたりして仲の良かった友だちが，ほとんどいなくなってしまいました。げんぱつさえなければ，という思いでむねがいっぱいになりました。

　ぼくには，いもうとがいて，まだ1さいなので，いもうとのしょうらいが，しんぱいです。6年生になったらもどってくる友だちや，もしかしたら帰ってこない友だちも，いろいろいるので，少しでも，早く友だちに，すてきなふるさと，ふくしまにかえってきてほしいです。

〈『福島の子どもたちからの手紙 ほうしゃのうっていつなくなるの？』〉

274

卑弥呼の時代

山田 麗子

■ 卑弥呼にも、金印が授けられた

　3世紀になると，中国では漢がほろび，魏・呉・蜀が分立して争う三国の時代になります。

　北方にあった魏が，朝鮮半島に勢力をのばして役所を置くと，卑弥呼はすぐに使者を送りました。貢ぎ物として，男女の奴れい10人と布を差し出しました。魏の皇帝は，りっぱな絹織物や衣服などと，銅鏡100枚をあたえ，「倭人たちをよく治め，皇帝につくせ」と伝えました。卑弥呼を，倭国の王として，正式に認めたのです。そのあと，紫色のひもで持ち手を結んだ「親魏倭王」の金印が，卑弥呼に授けられました。

　日本列島西部にあった，邪馬台国を中心とする30ほどの国々を，中国は倭国とよんでいました。卑弥呼は，対立する狗奴国と戦ったとき，魏に救援を求めました。このとき，魏の皇帝は，黄色い軍旗と激励の言葉をあたえています。

　卑弥呼が死ぬと，土を盛り上げて，直径100歩以上の大きな墓がつくられました。卑弥呼の死後，倭国ではふたたび戦いがおこりました。

⑦纒向遺跡（奈良県）の大型建物の復元CG／邪馬台国の候補地の一つである。
（鳥取環境大学浅川研究室）

各地にある女性の有力者の墓
　弥生時代から5世紀中ごろにかけて，九州地方から関東地方の各地に，男性有力者の墓とともに女性有力者の大きな墓がつくられている。

『ともに学ぶ人間の歴史』p.31 より

1　はじめに

　1章（10）「倭国の女王、卑弥呼」では、卑弥呼だけでなくこの時代の女性の地位や役割について考えを広げられるようにした。卑弥呼が魏に使いを送った理由を考えながら、激動の東アジアと倭国の関係をつかめるようにしている。

2　卑弥呼のイメージはどのようなものか

　小学校の教科書にも登場する卑弥呼。多くの人がもつ卑弥呼のイメージはどのようなものだろうか。倭人伝の最初にある「不思議な力をもっていて人びとをまとめることができた」「弟が国を治めることを助けた」「女王をみることができたものは少なく、一人の男子が食事を運び言葉を伝えた」などから、卑弥呼を神秘

的な巫女のようにイメージする人が多いようだ。それは、実際の政治は男性である弟がして、女性である卑弥呼は見えない存在であり呪術的な祭祀をしたとする、男女の役割を分けた王のイメージにつながる。

　しかし、男女を問わず王が外国の使節に直接会わないことは、長く倭国の伝統だった。中国式の儀礼を取り入れて外国の使節に直接拝賀を受けたのは、7世紀末、文武天皇が最初である。また、呪術的な祭祀に力を発揮することも男女問わず、王としての資質とみられていたようだ。壬申の乱の中、天武天皇が天照大神を望拝し、これによって神風が吹いたとする記述が『日本書紀』にみられる。

　現在も続く卑弥呼像は、1910年に発表された、内藤虎次郎「卑弥呼考」、白鳥庫吉「倭女王卑弥呼考」がもとになっている。両論文では、国政を担うのは男＝天皇であり、女の卑弥呼は神事専門で、殿内に籠って人に姿を見せない神秘的巫女とした。この時期、近代の男系天皇制に合うように史料解釈を転換する必要があったのだ (1)。改訂版では、このようなつくられた卑弥呼像にしばられないために、古墳時代の女性全般の地位について側注に書いた。

3　卑弥呼だけではなかった──「各地にある女性の有力者の墓」

「弥生時代から5世紀中ごろにかけて，九州地方から関東地方の各地に，男性有力者の墓とともに女性有力者の大きな墓がつくられている」と新たな記述を入れた。古墳の被葬者というと、男性を思い浮かべることが多くないだろうか。今日では、考古学の成果がこうした固定観念を覆している。

　熊本県宇土市の向野田〔むこうのだ〕古墳（4世紀末〜5世紀）は、代表的な女性首長の古墳である。30代後半の華奢な女性が単独で葬られていた。約100mの前方後円墳とみられる。100m級前方後円墳の被葬者は複数の首長を束ねる盟主的な存在で、律令制下であれば郡の半分程度の領域を代表するような勢力をもつ首長といえる。副葬品として、鏡・腕輪・勾玉などの装飾品、鉄の長剣や短剣・直刀・槍などの武具、鉄斧・刀子〔とうす〕などの工具が多数置かれていたことから、祭祀だけでなく軍事・生産を掌握した首長とみられている (2)。

　中小の古墳の調査では、古墳時代前〜中期の初葬者の割合は男女ほぼ同じで1対1である。初葬者というのは最初に古墳に葬られた人で（複数の人を被葬する

古墳が多い）、集団の長、家長と考えられる。当時は、男性家長と女性家長が同じ比率で存在していたことを示している。

　古墳時代後期には、初葬者の割合は男性が65％とやや増加するが、女性の家長も35％ほど存在した。奈良県宇陀市の丹切〔たんぎり〕古墳群（5世紀後半〜7世紀中頃）は60基ほどの群集墓だが、その中の最古の円墳（直径12m）は成年期の女性を埋葬している。この古墳は古墳群自体を作るきっかけとなった始祖的存在で、それにふさわしく最も眺望の良い位置にある ⑶。卑弥呼だけが特別の存在ではなかった。統率力をもった女性たちが各地で活動していたのである。

4　倭人伝の特色と学び舎の記述

「倭人伝は誰が書いたの？」生徒からよくでる疑問だ。倭人伝とは何か、誰がどのような目的で書いたのか、授業づくりで抑えておきたい。

　3世紀後半、魏・呉・蜀は次々に滅び、271年、西晋が中国を統一した。西晋の歴史家・陳寿（233〜297年）は、『三国志』（魏書三十巻・呉書十五巻・蜀書十五巻）を著した。西晋は魏から禅譲されたとしたので、魏の正当性を示す必要があった。そこで、魏書に皇帝の年代記を設け、夷狄（いてき−野蛮な異民族）の列伝も魏書にのみ附した。儒教では、天子の徳はそれを慕って朝貢する夷狄の存在によって証明されるからだ。夷狄の列伝に倭人伝が記されている。

　陳寿は先行する歴史書を参考に『三国志』を書いた。役人だった陳寿は国家が保管する文書も見て取り入れた。中でも皇帝の制・詔（命令書）は後に変更されることのない貴重な記録だった。ここから、倭人伝で、最も史料的な価値が高いのは、倭国の4回の朝貢と回賜、卑弥呼を親魏倭王に奉献した制書、使者についての記述といえる。国制、身分、卑弥呼の王権も貴重な史料である。

　特産物や習俗などには、報告にもとづく事実の記載と注意が必要なものがある。陳寿は倭国の位置を呉の背後にある中国の東南（沖縄本島あたり）と考えたため、倭人の衣服や産物について『漢書』地理志の海南島の郡のようすを引き写し、倭人の習俗を南方系にまとめた部分がある ⑷。学び舎教科書では、信頼性の高い部分を本文に記述し、習俗などを含む部分を囲みにしている。

5　卑弥呼の外交─授業（後半部分）づくりのヒント

　授業で、三国志について聞くと、生徒から人物名などが返ってくる。『三国志』をもとにしたマンガ、映画、ゲームソフトが多くつくられているからだ。これを糸口に、中国が戦国時代であったことをイメージすることができる。

　次に、教科書の地図で、魏、呉、蜀、帯方郡、倭国の位置を確認し、わかる範囲で関係図をつくる。教科書§2を中心に、卑弥呼の外交をたどっていく。

　卑弥呼は、帯方郡に勢力をもつ公孫氏と通交していた。しかし、魏は公孫氏と呉が手を結ぶことを恐れ、238年公孫氏を滅ぼし、帯方郡を直接支配する。翌239年、卑弥呼は難升米〔なしめ〕らを帯方郡に派遣し、天子にお目にかかって朝貢したいと申し出たので、帯方郡の長官は魏の都・洛陽に案内した。魏は朝貢を喜び、卑弥呼を「親魏倭王」とする金印を授け、鏡や絹など多くを与えた。

　こうした卑弥呼の魏への使いについて、感想や疑問を聞く。「帯方郡の支配が変わったことをなぜ知ったのか」「卑弥呼は情報通だ」「翌年には魏にあいさつに行った。行動が早い」など、外交力について生徒から出るだろう。「言葉はどうしたのか」「貢物の奴隷はどういう人か」「もらった絹織物や銅鏡100枚はどうしたか」など自由に出しあいイメージを広げたい。まとめには、卑弥呼が魏に使いを送った理由と、魏の皇帝が歓迎した理由を考え、意見交換をする。

　卑弥呼が女王になる前、倭国が大乱していたことをふまえれば、倭国の統治に中国王朝の権威と先進文物の獲得が不可欠であることが見えてくる。卑弥呼は国際情勢の変化に敏感だった。大陸との通交・交易を掌握し、伊都国に置いた役所では半島の鉄資源の入手を統括させた。東アジアを視野に入れた政治を行っていたのである。

【注】

1　義江明子『つくられた卑弥呼』ちくま新書　2005年

2　今井堯「古墳時代前期における女性の地位」『日本女性史論集2』吉川弘文館　1997年

3　清家章『埋葬からみた古墳時代』吉川弘文館　2018年

4　渡邉義浩『魏志倭人伝の謎を解く』中公新書　2012年

第5章 (10) 寺子屋の子どもたち―教育と化政文化―

江戸から広がる庶民の文化

小林 富江

1 はじめに

　19世紀になると、文化がますます庶民の生活に密着したものになっていく。これまでの記述は文化財の解説に近く、庶民の文化として充分イメージされにくい点があった。改訂版では、より具体的にイメージでき、また、庶民に文化がひろがり、どんなに身近になっていったかを、中学生に考えさせ、かつ、この時代の文化に興味を持たせたい。

2 浮世絵は庶民にとってどんな存在だったのだろう

　浮世絵は、庶民にとって手にすることができない、遠い存在だったのだろうか。図版④⑤⑥を見て、印象的なもの、気に入ったものはどれか、あげさせたい。

　図版④を見てみると、「ファッションモデルみたい」「これが流行の髪型・着物なの？」などの意見が出るだろう。美人画などの浮世絵の中には、白粉の宣伝（渓斉英泉『初雪』）や着物や帯など宣伝（歌川国貞『大丸呉服店前』）の役割を担うものもある。図版⑤は、『富嶽三十六景』の有名な作品の一つである。江戸に海産物を運ぶ船が荷を下ろしての帰り、波のうねりに木の葉のように翻弄されている。これら『富嶽三十六景』には、富士の前景に民衆がそれぞれの土地と職業の固有の普段着のまま登場し、たいがいはまめまめしく働く庶民の姿が示されている。図版⑥の判じ絵とは、なぞなぞに近いもので、これは「江戸名所はんじもの」の中の一つ。江戸の有名な地名などを絵で表したもの。「あさくさ（浅草）」と読む。さかさ絵は、文字どおりひっくり返してながめ、何か当てていく。共に、ゲーム感覚のように楽しんでいた娯楽品の一つである。

　今まで見てきたように、浮世絵は庶民にとって手の届かないものではなく、とても身近なもの、「情報を伝える宣伝チラシ的なもの」「ゲームの遊び道具のよう

④喜多川歌麿「高名美人六家撰 辰巳路考」
〈東京国立博物館蔵〉

⑤葛飾北斎「富嶽三十六景 神奈川沖浪裏」
〈東京国立博物館蔵〉

営や商業活動のために，帳簿や手紙を書く必要もふえました。

19世紀になると村でも，人びとが，俳諧・書道・芝居などを楽しむようになりました。江戸などから俳人を招いたり，自分で俳句をつくったりする人もいました。こうした活動を通して，村の人たちが周辺の村や町ともつながりをもち，交流しました。

藩政改革が求められるなかで，多くの藩校が開かれました。武士やその子弟の間では，『論語』など儒学にもとづく教育が盛んになりました。

⑥判じ絵〈歌川重宣「江戸名所はんじもの」個人蔵〉

■ 江戸から広がる庶民の文化

19世紀になると文化の中心は江戸に移り，庶民をにない手とし，地方にも広がりました。これを化政文化といいます。

浮世絵は，多色刷りの版画（錦絵）が大流行しました。風景画では葛飾北斎の，富士山とともにさまざまな職業の人びとが登場する『富嶽三十六景』が注目されました。美人画は，服装・髪型や化粧品などの情報を，庶民に伝える役割もはたしていました。また，判じ絵，さかさ絵などを，庶民が娯楽品として楽しみました。

政治や世相を皮肉る川柳や狂歌がはやり，こっけい本が多くの読者をつかみました。十返舎一九の『東海道中膝栗毛』は，旅先での失敗談や庶民の生活を織り込んで，21年にわたり書きつづけられました。

⑦十返舎一九「東海道中膝栗毛」
〈国立国会図書館蔵〉

当時，蔦屋重三郎などの出版業者は，積極的に作家を育て，作品を世に送り出すことに力をいれました。なかでも，黄表紙（絵入りの小説）はたいへんな人気で注文が多く，製本が間にあわないほどでした。

本の値段は高かったので，多くの庶民は貸本屋を利用しました。一冊が，かけそば一杯（16文）ほどの値段で借りられました。

このころ村で講という集団をつくり，旅費を積み立て，順番に寺社参りをすることが流行しました。伊勢参りはその代表です。こうして旅が各地の人びとの交流を生み，文化が伝わる一因になりました。

⑧行商で得意先を回る貸本屋
〈平木浮世絵美術館蔵〉

127

な娯楽品」「身近に見たり、使ったりする日用品みたいなもの」そんな受けとめ方が子どもたちにできるのではないだろうか。

3 なぜ『東海道中膝栗毛』が21年間にわたり、43編も書き続けられたのだろう

　図版⑦を見ると、「お風呂に入っているけどどんな場面？」「庶民はみんな読めたの？」「そんなに続編を楽しみにしていたんだ」などの感想が出るだろう。

　これは、小田原宿で五右衛門風呂の入り方が解らず、釜の底を踏み抜いてしまう場面。この本は、弥次郎兵衛、喜多八の二人が、各地の名物、風俗、方言など笑いを狂歌などに詠んで紹介しながら、明るく愉快に旅をしていく。当時は伊勢参りなど寺社参りが流行している中で、同時に、実用的な旅の案内書でもあった。伊勢参りは、農閑期の冬の終わりから初春に行われるのが一般的で、農業・産業の神様である外宮の前では、種もみの交換や頒布があった。信仰だけでなく、旅での情報をそれぞれの国元にもたらし、各地の地域文化の向上の役割も担った。

4 蔦屋重三郎ってどんな人？　この時代の出版業はどんな役割をしていたのか。本を背負って回る「貸本屋」がなぜそんなに沢山いたのだろう

　本文を読んでいくと、蔦屋という名前が出てくる。「蔦屋って誰？」「製本が間に合わないほどの黄表紙を売り出した人？」「黄表紙とは何？　何が書かれているのだろう。庶民が読みたい題材は？」などの疑問が次々と出てくるだろう。

　蔦屋重三郎は、この時代の出版業者を代表する人物。山東京伝や喜多川歌麿など創作者の作品を世に送り出す役割をした。黄表紙の刊行にも進出し、中には発売されるや、われもわれもと買いにくるので、中身に表紙ととじ糸をのせてそのまま売ったものもあったという。

　黄表紙は、1冊が10ページくらいの漫画絵本であり、大衆性を持ったものであった。文学に関心を持たなかった人々にまで、読もうという気にさせた。18世紀末の大飢饉により、打ちこわしが連鎖的におきる中、老中松平定信の文武奨励や規制強化政策、江戸市民の政界急変への関心の盛り上がりをうけ、蔦屋重三郎は、政策への風刺もこめて、こっけいに描いたものも出版させた。絵が主体で、

本文はひら仮名、絵には様々な寓話があり、文を読んで謎解きをする楽しさもあった。

　さらに図版⑧を見て、「貸本屋が本を背負って、どこを回るの？」「貸本屋が来るのを待ってるほど、読書が楽しみな庶民も多かったんだ」などの意見も出てくるだろう。

　当時、本はかなり高価で、貸本屋が大いに繁盛した。文化年間（1804 〜 18 年）、江戸には 656 軒、天保年間（1830 〜 44 年）には 800 軒もの貸本屋があった。貸本屋はもっぱら行商で、大きな風呂敷に包んだ本を自分の頭より高く背負い、時に都市近郊まで足をのばし、得意先を回り、3 日、7 日、15 日など日限を定めて貸し賃を取った。貸本屋はそれぞれ 170 軒ほどの得意先を持っていたという。貸し賃は江戸時代の後期、新本が 1 巻 24 文、古本が 16 文くらいであった。

5　文化を学ぶとは

　この時代の文化を学んで、「文化って庶民にとって手の届く身近なところにあったんだ」「日常的に接することができたんだ」さらに、この章では、産業の発達、教育の普及も学んでおり、「町や村にまで寺子屋が普及したことで、多くの庶民に文化が広がったんだ」や「交通・産業の発達も文化が地方に広がる大きな要因になったんだ」などの子どもたちの感想も出てくるだろう。

　文化の画一的な言葉・用語を覚えるだけではなく、この授業を通し、一部の人の文化でなく、庶民にとって身近なものであったことを理解し、この時代の文化に興味を持つきっかけに、この授業がなるとよい。

【参考文献】
今田洋三『江戸の本屋さん』平凡社ライブラリー　2009 年
高橋克彦『江戸のニューメディア』角川書店　1992 年
橋口侯之介『続和本入門』平凡社　2007 年
綿貫豊昭『「膝栗毛」はなぜ愛されたか』講談社選書メチエ　2004 年
石山秀和・市川寛明『江戸の学び』河出書房新社　2006 年

第9章（11）餓死、玉砕、特攻隊─戦局の転換─

特攻機で沖縄に出撃した少年飛行兵

楢崎 由美

1　囲みを学徒動員林市造から少年飛行兵荒木幸雄へ

　2015年検定合格学び舎中学歴史教科書では、囲みに、学徒動員として学業半ばで海軍に入隊し、1945年4月、特攻隊員として沖縄戦で亡くなった林市造を取り上げ、市造が出撃命令を受けた日に、母へ書き残した長い遺書の一部を要約して記載した。1943年10月の学徒出陣壮行会の映像や、書籍『きけ、わだつみのこえ』、それに関わる映画などで、学徒動員（出陣）のことは一般的には知られている。しかし、今の中学生たちにとっては、戦争を自分のこととして捉え、考えることはとても難しいことのように思われる。

　改訂版教科書では、中学生と年代の近い17歳2カ月で亡くなった特攻隊最年少の陸軍少年飛行兵荒木幸雄に変更し、戦争について考えさせたい。

2　特攻を担ったのはどんな兵士たちだろう

　図版④、図版⑥の出撃前の特攻隊員の写真を見て、生徒たちはどんな感想を持つだろうか。

「高校生のような顔つきだ」「飛行機を操縦できるのだろうか」

　生徒たちは、自分のすぐ近くにいる友達とあまり変わらないことに気づくだろう。図版⑥に写る少年たちは17歳と18歳、今なら高校で放課後の部活動を楽しんでいる年齢だ。

「なぜ、このような少年たちが特攻隊として、体当たり攻撃をしなければならなかったのだろう」「どうして、飛行機の操縦ができたのだろう」

　そんな疑問が生まれてくるのではないか。

　そこで、囲みを読んでみよう。図版⑥の少年たちは、受験資格となる15歳の年に陸軍少年飛行兵学校に出願し、合格したことがわかる。今、生徒たちが15

③日本軍が玉砕したおもな島

④出撃直前の特攻隊員（1945年5月18日　知覧基地）（朝日新聞社提供）

航空機も失い，守備隊へ物資を送ることができなくなっていました。

　守備隊は，米軍の戦車・火炎放射器などの砲火の中へ，銃剣で突撃を
くり返し，玉砕しました。約1万人の日本人住民やサイパン島民も，こ
れに巻き込まれて死亡しました。

5 　弾薬も食料もなくなり，戦う力を失ったときは，降伏する（捕虜になる）
道があります。しかし，日本軍は捕虜となることを禁じていたため，残
されたのは玉砕だけで，司令官は「総員玉砕せよ」と命令しました。

■ 爆弾を抱えて体当たり ── 特攻隊

　1944年から，日本軍は，戦闘機が爆弾を抱え，パイロットもろとも米
軍の航空母艦などに体当たりする戦法をとりました（特別攻撃隊）。

10 　この特攻隊員は志願という形をとりましたが，上官などから志願を強
く求められた隊員も多くいました。特攻隊は，約3000機がアメリカ艦
隊めがけて出撃しましたが，米軍のレーダーにとらえられ，多くは撃墜
されました。特攻隊の戦死者は，4000人にのぼりました。

15 　しかし，新聞などでは，特攻隊は国のために若い命をささげるものと
して，体当たりで生命を犠牲にすること自体がたたえられました。

⑤撃墜されて墜落していく特攻機

― 特攻機で沖縄に出撃した少年飛行兵 ―

　荒木幸雄は，大空にあこがれる運動の得意な少年だった。1943年，15歳になったと
き，東京陸軍少年飛行兵学校に出願し，合格した。しかし，1年間の基礎教育を省かれ，
そのまま操縦を学ぶ上級学校へ行かされた。幸雄たちは，一日も早く戦地に行くために
訓練を受けた。幸雄は訓練中，空を見上げながら一度だけ仲間にぽつりと言った。
　「できたら，工業専門学校に行って航空技術者になりたいんだ」
　幸雄は，1年間の上級学校教育を終えて少年飛行兵となり，平壌にある飛行部隊で襲
撃機の操縦訓練を受けた。そして，1945年5月27日，17歳2カ月で，襲撃機を改造
し翼下に250キロ爆弾をつるした特攻機に乗り，万世基地（鹿児島県）から沖縄に出撃
した。幸雄たち第72振武隊の少年飛行兵は，初出撃が特攻だった。

⑥出撃前，子犬を抱く幸雄と少年飛行兵たち（朝日新聞社提供）

235

歳で高校受験をするように、彼らは少年飛行兵になるための学校を志願した。

3 陸軍少年飛行兵とは

少年航空兵制度は、1930年代前半に創設された。海軍は飛行予科練習生（予科練）、陸軍は少年飛行兵と呼んだ。日中戦争がはじまった1937年、陸軍は「東京陸軍航空学校令」を公布し、少年飛行兵になるための1年間の基礎教育を行う学校の設置を決めた。翌年、現在の武蔵村山市に東京陸軍航空学校を開校し、それまでの年1回だった入校時期を4月と10月の2回とし1,100名が入校した。1年後、生徒たちは適性検査で操縦・整備・通信に分けられ、2年間（43年からは1年間）上級学校で専門教育を受け、その後、少年飛行兵として実戦部隊で訓練を行い、前線に赴いた。基礎教育を受ける学校に入学したのちは、勝手に退学することは許されず、入学が少年飛行兵のはじまりであり、志願兵であった。

4 陸軍は、少年飛行兵をどのように考えていたのか

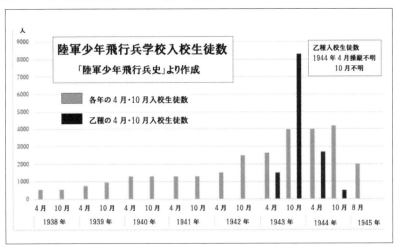

生徒はグラフを見て、入校生徒数が毎年増加していることに気がつくだろう。さらに、入校数が一番多い年を聞けば、「1943年」「乙のグラフが加わった」「10月の乙の入校数はすごい」などと答えるだろう。本来、徴兵は20歳からだが、長引く戦争で兵士が不足し、陸軍はそれを補充する目的で少年飛行兵を増員して

いった。しかし、1943年の増員は今までとは比較にならない。なぜだろう。

　1942年8月からのガダルカナルの戦いで、多くの飛行兵が失われた。その補充は緊急を要し、陸軍は大量の少年たちを短期間で飛行兵に育てることで補充することとした。そこで、1年間の基礎教育を省き、合格者をそのまま上級学校に入校させ、1年間で少年飛行兵として部隊に送る乙種制度を作った。43年10月入校乙種の生徒数は8,000名を超えている。囲みの荒木幸雄はこの乙種操縦入校生だった。本来、陸軍操縦教育は、基礎操縦・戦技・練成で260時間の訓練を必要としていたが、幸雄たちは76時間程度であった。

5　少年飛行兵は特攻に飛び立った

　当時の少年たちにとって飛行機は憧れであった。それにしても、中等学校を中退してまで、15歳になったら少年飛行兵学校に入校しようと思ったのはなぜだろうか。学び舎教科書の〈10〉「赤紙が来た」で学習した彼らの生活環境をふり返り、生徒たちに考えさせたい。

　ただ、特攻が「作戦」としておこなわれたのは1944年10月のレイテ沖海戦からだ。彼らは、戦うために飛行兵を志願したのであって特攻隊になるために入校したのではなかった。囲みに、上級学校での訓練中、幸雄が夢を語った言葉がある。「できたら、工業専門学校に行って航空技術者になりたい」。

　しかし、「全軍特攻」の作戦が下されると、幸雄たちは特攻に志願し、ただ敵艦に突入するためだけに出撃した。それから3カ月後、戦争は終わった。

　少年飛行兵たちは、なぜ特攻を志願したのだろう。

　どんな思いで特攻に向かったのだろうか。

　少年飛行兵による特攻の囲みが、中学生が戦争に向き合うきっかけの一つになればと思う。

【参考文献】
毛利恒之『ユキは十七歳 特攻で死んだ』ポプラ社　2014年
『資料館だより』58号　武蔵村山市立歴史民俗資料館　2017年
『多摩のあゆみ 119 戦時下の地域社会』たましん地域文化財団　2005年

第10章 (3) 走れ、ぞう列車—戦後の子どもと教育—

盲目の戦争孤児

本庄　豊

1　はじめに

　2015年検定合格の学び舎中学歴史教科書にも、戦争孤児については記載されている。今回は戦後70年を契機に著しい進展をみせた戦争孤児研究の成果（証言と写真などの史料）を受け、NHKスペシャル「"駅の子"の闘い〜語り始めた戦争孤児〜」（2018年8月12日放送）などでも取り上げられた盲目の戦争孤児・小倉勇の少年期を紹介した。

2　「駅の子」という言葉に込めたもの

　図版⑤は、1947年に京都駅で撮影された戦争孤児の少年だ。「駅の子」という言葉は、教材として戦争孤児を取り扱ったときに考えついた言葉である。戦後の京都駅で使用された可能性は大きいが、証言は2例のみにすぎない。この言葉に孤児たちが駅を転々として生活していたという意味を込めた。鉄道の駅は全国各地にあり、駅を調べることで戦争孤児の掘り起しが可能になる。だから、「駅の子」には戦争孤児が私たち教師の研究課題であるという意味も込められている。

　囲みの小倉勇もまた、「駅の子」だった。勇は1945年7月、13歳のときに敦賀大空襲（福井具）で母を亡くし、戦後は父と暮らしたが、その父も死去した。孤児となり親戚にあずけられたが、つらく当たられ逃げ出した。敦賀駅で汽車に乗り、福井駅、東京駅、上野駅、三宮駅、大阪駅などで暮らした。駅の近くには闇市が立ち、食料が得やすかったからだ。当時、全国に12万人の戦争孤児がいたとされるが、実際にはもっと多かったともいわれる。勇は目が悪かったため、仲間を誘い、盗みをおこなったが、京都駅に着いたときには緑内障が悪化し、目が見えなくなっていた。15歳のとき戦争孤児施設に収容された。施設の先生との出会いで盲学校に通い、高齢になった今も現役のマッサージ師として仕事をしている。

午前組・午後組の二部授業などもありました。

　戦前の教育の中心だった教育勅語と修身は、廃止されました。歴史の
教科書は神話からでなく、石器時代から始まり、「縄目の紋のついた土
15　器や石器を使い、シカやイノシシ、貝などを食べて生活していた。その
証拠は畑などで見つけることができる」と、書かれました。社会科が新
しい教科として始まり、社会のしくみや民主主義について学びました。

⑤京都駅で撮影された戦争孤児の少年
（1947年）（積慶園提供）

―― 盲目の戦争孤児 ――

　小倉勇は、1945年7月、13歳のときに敦賀大空襲（福井県）で母を亡くした。戦後は
父と暮らしたが、その父も死去した。孤児になって親戚の家にあずけられたが、「親戚と
いうだけで、何でめんどうを見なければならないのか」と言われ、逃げ出した。
　敦賀駅で汽車に乗り、福井駅、東京駅、上野駅、三宮駅、大阪駅などで暮らした。駅の
近くには闇市が立ち、食料が得やすかったからだ。このような戦争孤児は、「駅の子」と
よばれた。全国に12万人の戦争孤児がいたとされるが、実際にはもっと多かったともい
われる。小倉勇は目が悪かったため、一人では何もできない。食料を得るために仲間を誘
い、盗み、置き引き、空き巣など何でもやった。窃盗をするときには、人の気配を感じて連絡する見張り番をした。京都駅に着
いたときには緑内障が悪化し、目が見えなくなっていた。
　15歳のとき、京都府立伏見寮という戦争孤児施設に収容され、施設の先生に言われて盲学校に通うことにした。この先生との
出会いがなければ、「悪の道」に入っていたと、小倉勇は話す。高齢になった今も、現役のマッサージ師として仕事をしている。

『ともに学ぶ人間の歴史』p.253より

3　戦争孤児の分類と教材化

　戦争孤児については、暫定的ではあるが、以下のように考えている。

資料1　戦争孤児の分類（筆者作成）

① 戦災孤児	空襲などの戦災や戦後の貧困などで身寄りをなくした孤児
② 原爆孤児	戦争末期の原子爆弾投下で身寄りをなくした孤児
③ 引揚孤児	戦後、旧満州や南洋諸島などから単身で戻ってきた孤児
残留孤児	旧満州などに取り残され、現地の人に育てられた孤児
④ 沖縄の戦場孤児	沖縄戦で身寄りをなくした孤児
⑤ 国際(混血)孤児	占領した米軍兵士と日本人女性との間に生まれた孤児

（本庄豊・平井美津子編『シリーズ 戦争孤児』全五巻、汐文社、2014〜5年）

　戦争孤児のうち主要な部分を占めるのは学童疎開先から戻ったとき、空襲や原
爆などで親を失い孤児となるケースである。「学童疎開孤児」とでも呼ぶことが
できる子どもたちについては、「(12) 町は火の海―本土空襲と学童疎開―」での
学習との関連性について、生徒たちに気づかせたい。

戦争体験者の体験を直接聞くことができなくなりつつある今日、まだ80歳代である元戦争孤児の方がたの証言は貴重な教材である。また、生徒たちは等身大の自分を投影し、当事者性をもって戦争を受け止めることができる。

　戦争孤児の教材化については、「被害体験ばかりで加害体験が弱いのではないか」という批判がある。戦争孤児たちのなかにいた、在日朝鮮人の方がたの掘り起し、孤児院に連れられてきた在日米軍と日本人女性との間に生まれた孤児たちについて丁寧に調査することで、こうした批判を受け止めていきたい。

4　児童養護施設に眠る史料

　調べていくなかでわかったことだが、現在の児童養護施設の多くは戦争孤児施設として戦後出発したため、当時の貴重な史料が残されている。建て替えなどで処分されてしまう史料も少なくないので、できるだけ足を運んで調べることをおすすめする。今回教科書で紹介した写真もそうやって発掘されたものである。

　戦争孤児たちのなかで取材できているのは、まだごく一部の方がたである。亡くなってしまった孤児たち、犯罪に手を染めていった孤児たち、朝鮮半島出身の孤児たち、性的虐待の対象となった孤児たち、優生保護法下、強制不妊手術を受けさせられた孤児たちの「声なき声」をどう集めていくか、これらも私たちの忘れてはならない宿題となっている。

資料2　戦争孤児の多い都府県　（　人）：孤児施設入所の子どもたちの数

01	広島県	5,975人（　456人）	06	大阪府	4,431人（1,413人）
02	兵庫県	5,970人（　662人）	07	岐阜県	4,365人（　111人）
03	東京都	5,330人（1,703人）	08	埼玉県	4,043人（　180人）
04	京都府	4,608人（　584人）	09	福岡県	3,677人（　584人）
05	愛知県	5,970人（　662人）	10	茨城県	3,628人（　163人）
			☆	沖縄県	約3,000人（約200人）

＊沖縄県をのぞく全国合計孤児数：123,512人（12,202人）

資料3
全国の戦争孤児数

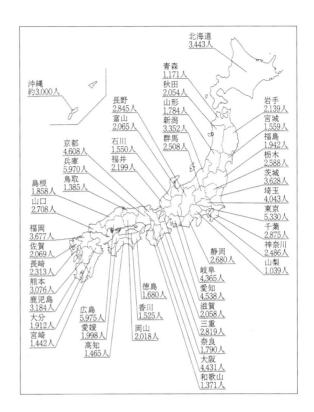

北海道 3,443人	
青森 1,171人	
秋田 2,054人	岩手 2,139人
長野 2,845人	山形 1,784人	宮城 1,559人
富山 2,065人	新潟 3,352人	福島 1,942人
沖縄 約3,000人		

資料2・3は厚生省「全国孤児一斉調査(1948年2月1日実施)」より作成

注 (1) この厚生省(当時)調査はアメリカ統治下の沖縄では実施できなかった。

☆沖縄県は琉球政府行政主席官房情報課「児童福祉の概要」『情報』14号、1954年による。
『情報』によれば養子や親戚による引取りも含めると実際の孤児数は約3000人という。

(2) ( )内は孤児施設入所の孤児の数。ただし、逃亡や死亡などもあり実数は正確ではない。

(3) 調査対象は、数え年1〜20歳の孤児。内8〜14歳の孤児は57731人(全体の46.7%)

(4) 両親が戦争で亡くなっても、身寄りがあれば孤児としては数えられない。

【参考文献】

本庄豊『戦争孤児〜「駅の子」たちの思い』新日本出版社　2016年

伏見ピースメッセージ展実行委員会『ぼくたちもぬくもりがほしかった　伏見寮
　にいた戦争孤児の話』かもがわ出版　2020年

被爆者の心を世界に伝える高校生

奥山　忍

1　被爆者の心を世界に伝えたい

　2020年東京五輪。近代五輪は「平和の祭典」でもある。長崎での聖火リレー走者に、高校生平和大使の一人山口雪乃さん（17）が応募、決定した。彼女は被爆三世としてノルウェーへ派遣され、高校生平和大使のノーベル賞ノミネートに一役買っている。被爆者の思い、核兵器廃絶に取り組む高校生1万人署名活動に参加してきた仲間の思い、平和を願う多くの思いと未来への希望を聖火につなぎ、自分たちの活動を一人でも多くの人に知ってもらう機会としたい、と考え聖火リレー走者に応募したのだ。聖火リレーと同じ頃、NPT（核不拡散条約）再検討会議がニューヨークで開催される。全国被爆二世団体連絡協議会が代表団派遣の準備をすすめる。原爆放射線の遺伝的影響を否定できない核の被害者として、被爆二世や将来世代を含む核被害者の人権確立と原発を含む核廃絶を国際社会に訴え、核廃絶の実現をめざす。

　2017年7月に核兵器禁止条約が国連加盟国193カ国中122カ国の賛成多数で採択された。日本は不参加だが、核兵器廃絶へ向け議論を進めてきたのは、広島・長崎の被爆者たちだ。被爆者の平均年齢は82.65歳（2019年8月）。若い世代への継承が課題だ。2017年のノーベル平和賞をICAN（核兵器廃絶国際キャンペーン）が受賞したことは、被爆者や核廃絶運動に連なる人々を勇気づけた。高校生平和大使の活動には、以前にも何度か「ノーベル平和賞」推薦の声が上がっていたそうだ。若い世代の平和活動として「高校生平和大使」がノーベル賞にノミネートされれば、日本国内であまり知られていないこの活動を知ってもらう機会にもなり、日本国内で停滞する核兵器廃絶運動や平和を進めることにつながる、そう考えた関係者やOB、OGが国会議員や有識者への働きかけを進めることにした。その結果、2018年、19年と2年続いてノーベル平和賞に日本からノミネ

ートされた。2020年もノミネートの準備を進める。高校生平和大使の国連派遣は22年間、高校生一万人署名活動は20年間を超える市民と高校生の継続した平和活動だ。今の高校生たちにとっては、生まれる前からの平和活動でもある。
注）新型コロナ感染の影響により東京五輪と聖火リレー、NPT再検討会議は延期。

2 世界に広がる高校生1万人署名活動

　私は、長崎生まれでも長崎育ちでもなく、長崎の平和教育を受けた人間ではない。そんな私が爆心地から500mにある学校に社会科教諭として採用され、たまたま担任したのが、1998年に第1回高校生平和大使となった石丸あゆみさんだった。彼女は被爆者だった祖母の話を世界の人に伝えたいと考え、英語のスピーチで発表した。それがきっかけで第1回高校生平和大使となった石丸さんは、国連本部（その頃はNY）へ派遣され、国連国際学校の生徒たちに祖母の話を伝える機会があった。その際、日本の戦争加害をどう思うか、逆に問われた。日本の戦争加害についてほとんど知らないことに彼女は気づかされた。日本の戦争加害を教えていなかったのは、当時日本史を教えていた私でもあった。戦後50年の1995年、大学卒業間近の私はフィリピンでのスタディツアーに参加し、日本の戦争加害を学んだというのに。高校の頃、日本史最初の授業で、教科書問題として南京大虐殺を学び、それで教師をめざし、念願の歴史の教師になれたのに……。

　高校生平和大使の活動をはじめた長崎の市民団体は、派遣以前からアジアでの原爆展を試みていた。日本の戦争によって犠牲となったアジアの人々には、原爆で日本の支配から解放された、と考える人も多くいた。日本は加害者だった。韓国での原爆展開催までにはいくつもの壁をのりこえなければならなかった。在韓被爆者は日本人と同じ被爆者とは言えなかった。日本人被爆者よりも一層苦しい状況に置かれ続けていた。それを知った長崎の被爆者や市民団体のメンバーらは、韓国の被爆者や被爆二世の人たちとの信頼を一つ一つ積み上げ、韓国での原爆展が開催できるまでになった。そのつながりは、日韓両政府の関係悪化があっても途切れることはなかった。高校生平和大使と高校生1万人署名活動の中にも生かされる。2003年6月「日韓被爆二世シンポジウム」参加のための韓国訪問から毎年、日本の加害面を学ぶことを目的に訪韓し、夏には韓国の高校生も広島と長

崎を訪れ、共に原爆について学んでいる。

　高校生1万人署名活動の中には「高校生1万本えんぴつ運動」もある。これは、2001年9月11日のアメリカ同時多発テロ発生でアフガン戦争がはじまったことを機に当時の署名活動実行委員の高校生らがアフガンへ学用品を届けようとして開始した。アフガンだけでなく学用品が不足していたフィリピンの子ども達にも贈られた。2002年以降も活動は継続され、ペルーやベトナムにも届けるようになった。メンバーの高校生は、毎年フィリピンを訪問し、夏にはフィリピンの高校生を広島・長崎へと招待し交流を続けている。

　「高校生平和大使」が訪問・交流したことがある地域・国は、欧州、アジア、アメリカ（南米含む）、オセアニアなど約20ほど。国連や各国を訪問した高校生平和大使は約200人、活動に参加した若者は2000人を数える。日本では長崎だけでなく、北海道・岩手・福島・新潟・東京・神奈川・静岡・大阪・奈良・広島・福岡・佐賀・大分・熊本・宮崎などを拠点に署名活動が行われている。

■原子力の夢を追う

　アメリカもソ連も、「核兵器の力で脅威をあたえ、相手に攻撃を思いとどまらせる」と主張して、核兵器の開発と実験をくり返しました。核戦争が起こるのではないかという、不安と恐怖が世界に広がりました。

　そこで、アメリカの大統領は、原子力は平和利用できると国連で演説し、平和利用を推進する国際機関がつくられました。日本でも、アメリカの働きかけによって、1955年から原子力平和利用博覧会が各地で開かれ、この年、原子力基本法が制定されました。原子力発電の危険性は、国民には伝えられませんでした。アメリカは、西側の陣営の国には、原子力発電の技術と核燃料を提供しました。

　日本では、1963年に実験用の原子炉で初めて発電が行われ、『鉄腕アトム』のテレビ放映が始まりました。1970年、敦賀原子力発電所（福井県）からの電気で、大阪万国博覧会の開会式の灯りがともされました。

第2条　原子力利用は、平和の目的に限り、安全の確保を旨として、民主的な運営の下に、自主的にこれを行うものとし、その成果を公開し、進んで国際協力に資するものとする。

（一部）

⑤ 国連軍縮会議に出席した高校生たち／外務省ユース非核特使としてスピーチを行った。（2016年 スイス・ジュネーブ）（平和活動支援センター提供）

―微力だけど無力じゃない―被爆者の心を世界に伝える高校生―

　1998年のインド・パキスタン核実験がきっかけとなり、長崎では、高校生平和大使を国連へ派遣することにした。その後、高校生自らが、核兵器廃絶をめざす「高校生1万人署名活動」を始め、各地の若者へ広がった。韓国では、在韓被爆者や被爆2世・3世、現地高校生たちとともに、原爆写真展を開催し署名を集めている。「ミサイルよりもえんぴつを！」を合言葉に、アジアの子どもたちへ文房具を贈り、フィリピンの高校生との平和交流も始まった。

　各地で集めた署名は、毎年、高校生平和大使が国際連合軍縮局に届けている。これらの継続した活動が認められ、2018年、ノーベル平和賞候補として推薦されることになった。高校生たちは、「微力だけど無力じゃない」を胸に、核兵器廃絶と平和な世界の実現をめざし、未来を拓く活動を続けている。

259

『ともに学ぶ人間の歴史』p.259より

3 微力だけど無力じゃない

　原水禁運動は、このような新しい形で、次世代へ「継承」されつつあると言えるのではないか。若者には若者のスタイルがある。広島・長崎の被爆者だけでなく、核廃絶を求める世界中の市民の声が、国際社会にとって重要なことは言うまでもない。世界を見れば、多くの若者たちが平和な未来のため、持続可能な世界のために行動を起こしている。地球温暖化問題で声をあげたグレタさん、民主主義を求める香港の若者たち。世界には多くの困難な問題もあるが、若者が未来を切り拓く。その姿を見て賛同者が増え、社会は徐々に動いていく。私の力は「微力だけど無力じゃない」と生徒に気づいてもらえれば幸いだ。

　現在は、私も日本の歴史教育にたずさわる一人として、当然のことだが日本の加害面も含め歴史の事実を教える。遠回りに思えるかもしれないが、それが核廃絶実現と平和な未来の構築に必要だと知っているからだ。日本の中学生が近現代史で日本のアジア侵略を学ぶと、加害者としての日本を知り衝撃も受けるが、平和とは何か、世界の平和のために自分に何ができるのか、他人事ではなく自分の問題として真摯に考える契機となる。平和のためにできることはたくさんある。自分だからできることが必ずある。こんな高校生もいる、ということを教科書で知ってもらえればいいと思う。

【参考文献・資料】

「高校生平和大使にノーベル賞を」刊行委員会編『高校生平和大使にノーベル賞を　平和賞にノミネートされた理由』長崎新聞社　2018年

全国被爆二世団体連絡協議会編『第五の被爆者　再びヒバクシャをつくらないために　2』原水爆禁止日本国民会議　2019年

中村涼香・山口雪乃 編　平野 伸人『高校生平和大使の21年』高校生1万人署名活動実行委員会　2019年

「高校生1万人署名活動・高校生平和大使」peacefulworld10000.com

NHK NEWS WEB「チコちゃんに叱られる　高校生平和大使」で検索

平野伸人『海の向こうの被爆者たち―在外被爆者問題の理解のために』八月書館　2009年

部　学習のまとめ

学習のまとめ＝時代像を描く

安井　俊夫

「学習のまとめ」とは

　教科書は、1〜6部（1.原始・古代、2.中世、3.近世、4.近代、5.二つの世界大戦、6.現代）で構成されている。各部はひとまとまりの大きな時代の流れを区切っている。そこで各部の学習の最後に、「まとめ」のページを設定した。「まとめ」とは、その時代はどんな時代であったのか、歴史の大きな流れを、学習を振り返りながら描いてみようということをねらいとしている。

　だがこれは、「どんな時代であったか」についての答えを求めるものではない。また、「歴史の大きな流れ」を、歴史事実を踏まえて正確にあらわしてみようというものでもない。歴史を学ぶ子どもの側から、「自分はこういう時代だと思うようになった」と、自分なりの時代像を描けるようにすることがねらいだ。それは、「この時代の出来事を見ていくと、このように時代が動いていったと思う」など、学習者側からの「歴史の大きな流れ」を描くことになる。

時代像を描く手立て

　子どもがこの課題に取り組みやすいように、3.近世の「まとめ」のページでは、次の3つの手立てを設定している。

1　ひと・人びと（人物像）を何人か掲げて、それに対してインタビューを試みる（すべての人物像に対してではなく、3人程度）。インタビューは「あなたがいた時代、あなたは何をしていましたか」と、歴史のなかでのその人物の足跡を確認する。これは時代像を描くにあたって、イメージの基礎・拠点づくりになる。

2　インタビューは、さらに突っ込んで、その人物の言い分、つまり「その時代をどんな時代だと思っていましたか」と、その人物が描くと思われる時代像を

聞き出す。つまり一般的な時代像ではなく、その人物が主張する時代像になる。秀吉の主張を取り上げた場合、天下統一や検地・刀狩りなど、支配の側面を強調するものもあるが、朝鮮侵略の失敗など、マイナスの側面を嘆く場合もある。多様性は対話・議論の契機となる。

3　上記の1で、人物を通してこの時代の歴史事実を振り返り、2の作業で人物たちの言い分としての時代像を描いてみれば、最後にそれらを踏まえて、子ども自身の時代像を描くことができるのではないか。それは、2の人物たちの言い分とは少々異なるかたちでの、この時代に対する言い分になる。

描かれた時代像

　ページ最後の翔太の意見は、かれの江戸時代への言い分としての時代像、歴史の大きな流れを描いた事例である。

○　最初に目を付けた人物はジョン万次郎である。英語の知識やアメリカの技術を日本に知らせたことをインタビューで聞き取り、この時代に外国の進んだ文化にもっと目を向けるべきとの言い分を想定している。

○　そこで国内では、それと対照的と思われる農民に聞いた。かれらは、底抜けタンゴを発明して、綿花の栽培を盛んにしたことを力説した。これは衣類を大きく変えたもので、江戸時代は農民の力で産業が発展した時代だと強調された。

○　でもこの時代は家康から始まった。聞いてみると、大名を完全に抑えて反抗させず、幕藩体制という仕組みを作り上げた。この時代は幕府の時代だと誇っていた。でも、その後の寛政の改革とか、天保の改革はうまくいってないではないか。のちの時代に、大きく変わっていったのだと思った。

　以上の取り組みを経て、「江戸時代はどんな時代だったか」への考えを描いたものがページ最後の「まとめ」である。しかしこれは、ある一人の子どもの時代像である。当然、多くの生徒の多様な時代像が出されるだろう。その多様性こそは、教室での対話や議論の源泉として生かされるものとなる。

3 第3部に出てきた次の人物たちに，インタビューをして，記事を書きましょう。

(1) あなたがいた時代に，あなたはどんなことをしていましたか。

(2) その時代をどんな時代だと思っていましたか。あなたの言い分を聞かせてください。

    ① グループやクラスで，だれをインタビューするか，分担しましょう。

    ② できあがったら，グループやクラスで発表しましょう。

豊臣秀吉　　　　　　　　　大阪の大商人　　　　　　　昆布をとるアイヌの人びと

底ぬけタンゴをかつぐ百姓　千歯こきで作業をする女性　徳川吉宗

裏長屋に住む棒手振　　　　寺子屋の師匠　　　　　　　ジョン万次郎

4 3の人物インタビューの発表を聞いて，近世・江戸時代はどんな時代だったか考えましょう。前の時代と比べた
りしながら，まとめましょう。グループやクラスで発表しましょう。

翔太さんは，次のように書きました。

> ジョン万次郎が見たアメリカは，学問や技術が進んだ国でした。でも江戸時代の百姓だって工夫をこらして木
> 綿を作り，衣類を大きく変えました。商人だって，武士なんかに負けないで文化を発展させました。それに比べて，
> 政治の改革はうまく進まず，江戸幕府はあぶなくなると思いました。

135

2 第1章（2）「種が落ちないムギ」

ムギとブタ

千葉　保

1 歴史を楽しく学ぶために、歴史と出会い、自ら問いをたてる

教科書を漫然と見せても、生徒の問いは生まれません。

そこで古代の歴史事実と出会うため、教科書の中の一枚の写真を黒板に貼りました。

岡山大学蔵 武田和義氏提供

「二つのムギがあります。どっちが野生のムギでどっちが栽培種のムギだと思いますか？　グループで話し合って下さい。」

「右側の種がバラついてる。こっちが野生じゃないかなぁ」

「左側は今のムギと同じみたい。きっとこれが栽培種だよ」

「たくさん小麦が取れるようにくっついて密集させた種を作ったのでは…」

「絶対に右が野生！」

「野生の方もバラバラの説得力ある理由を考えてね。野生のムギにもきっと何か理由があるはずだよ」

「えっ、野生のムギにも理由があるの？」

「むずかしい。理由なんてないと思うけど」

「昔の人は手で一粒づつ取ったからバラバラの方が都合がよかったのかな？」

「おっ、それいい」

「私はこんな経験があります。9月に長野県の飯山地方の棚田を見に行きました。そこでむかごを見つけたのです。むかごも野生のムギのようにバラバラに実

（種）がついています。むかごご飯にして食べようと思い、実を取ろうと手を出しました。あっ！」

「何が起きたの？」

http://blog.cottont
ulip.com/?eid=822
851

https://cookpad.com/r
ecipe/3464842

http://obento12.info/
1248.html

「むかごを取ろうと実（種）に指をかけたら、他の実（種）がバラッと地面に落ちちゃった。拾おうとしたけど土と同じ色でよく探せず少ししか取れない。ここに考えるヒントがあるかも…」

「全部をとらせないってこと？」

「あっ、子孫を残すための仕組みなのでは…」

「そうか、全部を食べさせないで、子孫を残すぞと頑張る姿なのか」

「ということはムギも…」

「すごいことに気がついたね。野生のムギと栽培されてるムギの一番の違いは、種子の落ち方です。野生のムギは、種子が熟してくると手でふれただけでバラバラと落ちてしまいます。これは、他の動物から自分たちの子孫を守るために身につけた方法だと考えられます」

「すごい仕組みを持っているんだ」

「種子が穂の部分から落ちにくいと大型の動物によって一度に種子の部分が食べられてしまうおそれがあります。ところが、ふれただけで種子が落ちてしまうと食べられてしまう前に、種子の多くが地面に落ちてしまいます。こうなるとそう簡単には食べることができません。1粒づつ拾って食べるしか方法がないのです。こうして野生種は絶滅しない仕組みを持っていたのです」

「すごい仕組みだね。野生種もこんなにすごい仕組みを持っていた」

「こんなにすごい野生の種から、人間はなぜ栽培種をつくろうと思ったのかなぁ」

「食料が足りなかったからだと思います」

「ぼくも仲間が増えて食料が足りなくなったのだと思います」

「この写真は飢餓線が刻まれた1万8000年前の旧石器人の足の脛です。食料が足りなくて成長が一時止まってしまうと線が刻まれるそうです。何度もそうなったことが分かりますね。沖縄の港川で見つかったので港川人と呼ばれています。子どもの方が線が多く出るそうです。ハリス線とも言います。みんなの考えた通りですね」

（この港川人飢餓線の写真は次のサイトにアクセスして確認してください）

http://www.town.yaese.okinawa.jp/yaese/yakuba/gushikami/museum/
minatogawajin/minatogawajin.htm

「やっぱり安定して食料が必要だったんだ」

「だから栽培種を作ろうとしたんだね」

2 遺跡から見えてくること

「この地図からアブ・フレイラ遺跡を探そう。

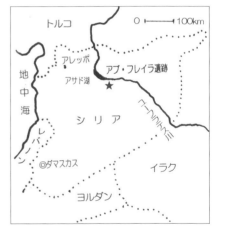

そこで、1万1000年ほど前の住居から、700粒の野生のムギやマメなどの草の実が見つかりました。

また、（　　　　）年前の層からは、栽培されたムギが発見されました」

「シリアって今、戦争が起きているところでしょ」

「この遺跡は大丈夫なの？」

「アレッポの近くだからちょっと心配だね。今はユーフラテス川にダムができて、湖の底に沈んでしまった」

「えー、残念」

「さて、どっちが野生種のムギで、どっちが栽培種のムギかわかるかな？」

「大きい種が栽培種だよね」

「どうやって野生の種を栽培種に作りかえたと思いますか？」

「遺伝子組み換え？」

「えっ、1万1000年前だよ」

「じゃ簡単な方法しかとれないよね」

「少しでも大きい種だけ取って、それをまいて育てたのかな」

http://news.bbc.co.uk/2/hi/science/nature/489449.stm

「何年もかかったよね」

「この大きな種が見つかったのは何年後の遺跡かな？」

「同じところに遺跡があったの？」

「このような遺跡を複合遺跡といって、同じ場所に何回も住んでいたんだね」

「100年くらいかかったかな？」

「もっとかかったよ。1000年くらいかかってるかも」

「えーそんなにぃ!?」

「この種は8000年前の住居跡から見つかっています。野生種が見つかってから3000年たってるね」

「3000年も！」

「人間ってすごいなぁ。感動しちゃう」

「長い時間かけて栽培種をつくったんだ」

「こんなのも発掘されたよ」

「これでムギを粉にしたんだよね」

「パンにしたのかな？」「ナンかな？」

「先生、ムギはわかったけど、米はどうなの？」

（A.M.T.Moore The Neolithic of Levant）

3　コメを調べる

「調べてみる？」

「PCを使って調べていい？」

　生徒たちはPCルームに飛んでいきました。

　A班は

「彭頭山（ペントウシャン）遺跡では紀元前7000年頃のコメのもみ殻などが発見されました。コメの大きさは野生種のコメよりも大きく、中国最古の栽培種の稲があった証拠となっているそうです。田を耕すための道具などが彭頭山遺跡からは発見されていないそうですが、彭頭山文化の後期の遺跡からは発見されているそうです」

「それをまとめると何がいえる？」

「9000年前に、中国の長江流域で栽培したコメが発見されているので、9000年前には、コメの栽培が行われていたことがわかりました」

　B班も続きます。

「玉蟾岩（ユイチャンイエン）遺跡では、旧石器時代から新石器時代に移行する時期の地層から野生種から栽培種への過渡期の米粒が見つかり、稲作の起源はさらにさかのぼり、1万年をこえ1万4000年前の可能性が出てきましたが、まだ、栽培種イネが出たとの確証はでていないということでした」

「まとめると中国南部の長江流域で、1万年以上前にコメの栽培がされていた可能性がでてきたといえます」

　発表を聴いた生徒たちは、

「ムギと年代が近いね」

「米は中国の長江流域って小学校で習ったけど、やっぱりそうなんだ」

「ムギと同じように種を大きくしていったんだね」

　ここで教科書p.15の図を貼りました。そしてみんなでp.14 – p.15を読んでいきました。

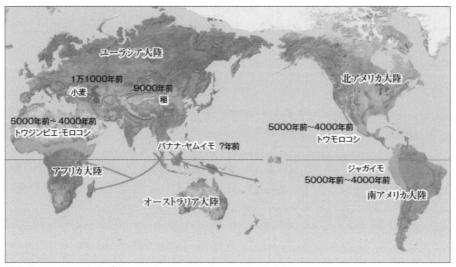

6 農耕のはじまりと広がり〈ダイヤモンドとベルウッドなどによる〉

「世界各地で農耕が始まった様子がわかりましたね。世界各国で遺跡の発掘が進むと、もっと正確な情報が得られることがわかりましたね」

4　家畜化を考える

「野生動物を家畜へ変える歴史を考えましょう。人間が最初に家畜にした動物は何だと思う？」

「食べる動物？」

「愛玩動物や働く動物でもいいよ」

「ネコ」

「イヌ」

「ブタ」

「ウマ」

「ウシ」

「根拠もなくいろいろ出てきたね。先生が調べたらこんな表が見つかったよ」

「やっぱりイヌが最初か！」

動物が家畜化した時期と場所

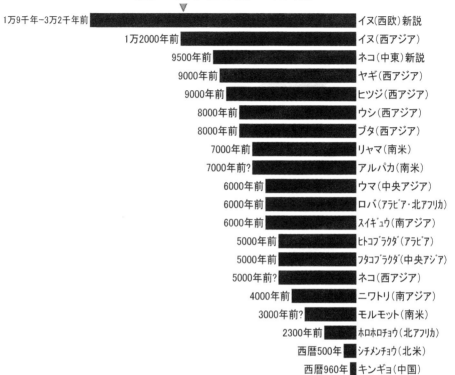

注） 時期不明ながらトナカイは北ユーラシア、ウサギはイベリア半島、ヤクはヒマラヤ地方が起源地とされる。イヌ【新説】はナショナルジオグラフィック（公式日本サイト）2013年11月15日、ネコ【新説】は黒瀬奈緒子（2016）による。
資料） The Cambridge Encyclopedia of Human Evolution（1992）

「狩りに使ったんだね」

「ネコは何の役に立ったのかな？」

「癒やし系だよ」（笑）

「ネズミを追い払って食べ物を守ったのかも」

「そうかもね。お米を食べられたらこまるしね」

「先生、ブタは西アジアのどこで見つかったの？」

5 ブタを調べる

「世界でもっとも古い豚の骨は、中国南部の遺跡で発見されました。紀元前8000年頃の新石器時代のもので、紀元前4000年頃のメソポタミアでも飼われていたといわれます。18世紀以降、ヨーロッパとアジア系の豚によって交配され、現在の豚の品種が出来上がりました」

「先生、日本でブタが飼われ始めたのはいつ頃ですか？」

「むずかしい質問するね」（笑）

「1988年〜1989年に大分市の下郡桑苗遺跡（しもごおりくわなえいせき）で弥生時代の完全な形のイノシシ類頭蓋骨3点・ブタ頭蓋骨が出土したそうです。そのほか九州や本州の遺跡においてもブタやニワトリの出土事例が相次いだそうです」

「弥生時代にブタが家畜になったのか」

「弥生時代の「イノシシ」に関しては、研究者の西本豊弘さんが下郡桑苗遺跡出土のイノシシ類骨に骨の家畜化現象が認められることから、野生のイノシシではなく家畜としての「ブタ」であるとしたそうです。その後、弥生ブタの発見事例が相次ぎ、1999年時点で10カ所以上からの弥生遺跡において弥生ブタが確認されているので、日本人は弥生時代にブタを家畜化したようです」

「発掘するといろんなことがわかるんだね」

「弥生時代の大分かぁ。どんなところだったんだろう？」

「見てきたいなぁ」（笑）

6 イノシシのどこを変えてブタにする

「イノシシからブタへ、どこを改良していったのだろう？」

「大分姿がちがうよね」

「ブタには牙がないから牙をなくしたのでは」

「きっと食べられる部分（肉）を多くしたのでは？」

「この絵で考えるとわかるかも」

「頭を小さくして、肉の部分を増やしたんだ」

「食べられる部分が30％から70％に増えてる」

「これは気の遠くなる仕事だったよね」

「おかげで美味しく豚肉が食べられる！」

「さて食べられる部分を増やしたこと以外にもやってきたことがあるよ。なんだろう？」

「なんかあるかな？」

「じゃ、この写真を見ると考えが浮かぶよ」

「たくさん子どもを産むように改良していったんだ」

「10匹以上いるよ」

「すごいなぁ」

「猪は一度に5匹ほどの子どもを産み、体重90kgになるのに約400日かかります。改良した豚は

(http://hp.brs.nihon-)

一度に10匹ほど産み、約160日で110kgに達するそうです」

「豚を改良してきた人間の歴史ってすごいなぁ」

「このおかげで私たちも生きていけるんだねぇ」

「ブタに牙がないのは、生まれるとすぐに牙を抜いてしまうからだそうです。牙があるとけんかしたりじゃれたりして傷がつくから高く売れなくなるし、荒っぽくなるからだって」

「豚が飼いやすかったわけは…

　①雑食性で何でも食べる。

　②群れをつくる性質があり、囲いの中で飼育するのに都合がよかった。

　③妊娠期間が短く、多産で、子豚の時から飼いやすい。

　④繁殖の習性が単純で、改良に便利だった。こんな理由だそうです」

「人間が食べるために昔からいろんな工夫を根気よくしてきたことがわかってきましたね」

「では最後に p.15 の「野生動物から家畜へ」を読んで終わりましょう」

7　種子を自殺させる現代

　大分前になりますが、北海道の上川郡清水町にある出田牧場を訪ねたことがあります。畜舎をもたず、広い牧場を7つに区分けしたエリアで130頭の乳牛を飼っていました。1カ所の牧草がなくなってくると次の区画に移っていきます。一回りする頃には牧草が育っている仕組みです。出田さんが「ホーイ、ホーイ、ホーイ」と呼びかけると、牛たちがゆっくり立ち上がり、集まってきました。そして何とわたしたちの前で横一列に130頭の牛が並んだのです。出田さんは一頭、一頭、名前を呼んで頭をなでてあげます。私にも近づいてきた牛がいました。肩をベロっとなめました。親近感の挨拶だそうです。すると後ろに引っ込んでいた牛が大丈夫そうと寄ってきて肩をなめました。友人と認めてくれたのです。どの牛も澄んだ目をしていました。

　牛たちは自分で乳搾りを手伝います。ドアを開けると1頭づつ入ってきて、空いている搾乳場所に立ちます。搾乳が終わると出口から1頭づつ出ていくのでした。

「日本で一番おいしい牛乳を飲みたい」と願い、冬でも雪の中で生活する牛たちは、新鮮な空気を思いっきり吸っているので、牛乳が一番おいしいだろうと、出田牧場にやってきたのです。もちろん、味は最高でした。さらにバターもチーズもご馳走になりました。

　さて、出田さんと話していて、牧草は毎年、種子をアメリカから買ってまかないと生えてこないという事実を聞き驚きました。そう種子は1年で死ぬのです。びっくりしました。

　種子に致死性タンパク質を作る遺伝子を組み込み、1世代目はまくと成長して採種できるが、2世代目になるとこの遺伝子が致死性タンパク質を生成することによって、種子が成長するのを阻止する技術です。つまり種子を自殺させる技術です。この種子は「ターミネーター種子」と呼ばれています。

　アメリカに本社を構えるモンサント社は世界の遺伝子組み換え作物市場の90％を握るグローバル企業で、世界中に影響を与えています。モンサント社の戦略

は、農民から種子の再生産を奪い、永久にモンサント社から種子を買い続けなければならない仕組みを作ることなのです。トウモロコシ、大豆は言うに及ばず、いろんな種子がこのターミネーター種子へと変化しています。

　世界中の人間が食べられるようになるために種子を改良してきた長い人間の歴史。しかし現在、巨大企業の儲けのためにこの歴史は変わりつつあるのです。種子の自殺、この問題も認識する必要があります。
　人間は進歩しているのか、劣化しているのか、よく考えていかねばならない現実が目の前にあるのです。

（元小学校教員）

中世ってどんな時代？
― 一遍の救済活動を考える―

和井田 祐司

1 学び舎『ともに学ぶ人間の歴史』の活用試論

　本稿では、『ともに学ぶ人間の歴史』の第3章「(4) 東国に幕府をつくる―鎌倉幕府―」「(5) おどる聖と念仏札―鎌倉時代の仏教―」「(6) 市に集まる人びと―鎌倉時代の商業―」＝64〜69ページ）の記述・資料を用いた授業プランを提示する。このようにページを横断して教材を生徒に投げかけるのは、源平の内乱とききんが重なった時代＝平安時代末期〜鎌倉時代の初期を、一遍という人物に焦点を当てながら描くためである。

　本稿が志向するのは、「見開き1ページを活用してこのような授業をした」というコンパクトな展開事例ではなく、教科書を横断しながら使われている資料を切り貼りすることで、より自由な授業展開を模索することにある。図表1枚、記述1カ所をどのように活用したか、という点を重視したい。

　なぜそのような形式の授業を提示するかといえば、子どもが本気になって追究しようとする教材が、学び舎『ともに学ぶ人間の歴史』に多くあると感じるからである。授業の山場を設定しやすい端的な記述や、どのページにも掲載されている大きな絵図などがある。教室の子どもの状況や、授業者がより深めたいテーマ性に各資料を合わせながら、再構成が可能である（その際は教科書の記述個所や絵図をスキャナーで取り込む等して、授業プリントをつくると良い）。

2 教材研究の一例――中世という時代の大観と学習材としての『一遍聖絵』

　『ともに学ぶ人間の歴史』68ページに見られる、「備前福岡の市」は、子どもたちを引き付ける「ネタ」である。市の場面が描かれているので、例えば売られている商品や、その流通路に注目し、経済的な視点で学ぶのも面白い。当時の社

会・経済状況を含む、構造的な理解につながる教材である。しかし、多くの場合、この「備前福岡の市」の場面のみを扱いがちである。『一遍聖絵』（＝『一遍上人絵伝』）は一遍の生涯が描かれた壮大な絵巻物であり、「備前福岡の市」の場面の前後をとってみても、ドラマチックに展開する。一遍が布教活動で、吉備津宮の神主の息子の嫁を出家させ、それを知った神主の息子は従者とともに一遍を追いかける。一遍に追いついた緊迫した状況が、「備前福岡の市」の場面である。

『一遍上人絵伝』（模本）より「備前福岡の市」　東京国立博物館蔵

『一遍上人絵伝』（小松茂美編　『日本絵巻大成　別巻』）の解説文を抜粋する。

　　町の辻で、一遍は、今日も熱心に念仏を勧めるのであった。市には、掘立ての長屋五棟がある。魚や鳥・米・布・履物・壺など、さまざまな品物を売っている。大まないたの上で鯉の料理をする男。筵を路上に広げて、桝で米を量る男。布の品定めをする被衣姿の女。あなた、これをぜひとも買ってくだされ、と亭主にせがむ市女笠の女。髭面の男の手には、銭束がしっかりと握られている。
　　ところが、こうした平和な市の中に、降って湧いた事件が持ちあがった。

馬から下りると、ばらばらと吉備津宮の神主の子息主従は、一遍の前に立ちはだかった。会えば、恨みのひと言、怒りの罵倒も浴びせんものと、心をはずませていたのに。

　男が、腰の大太刀に手をかけたとたんに、一遍のほうが先に口を開いた。あ、そなたは、吉備津宮の神主どののご子息とな……。あとは、蛇ににらまれた蛙も同然。主従は、ただ、眼を白黒させるばかりであった。

その後、どうなったのか。

　しばらく、沈黙の時が流れた。やがて、観念した夫は、上人さま、私が、私が悪うござった。妻同様、私も発心いたしました。どうか、私に戒をお授けください。剃髪して入道いたしまする。というと、即座に、かれは折烏帽子を脱ぎ、腰の大小を大地の上に投げ出してしまった。

　急場を聞いて、市から檜桶を借りて、水が運ばれた。懐中から剃刀を取り出すと、一遍は、夫の頭に剃刀を当て始めた。では、われわれも、と従者の二人も腹巻鎧を脱ぎ、太刀を腰から解くありさま――。

　陸のできごとをなにも知らぬ風情の川舟が、静かに川を下っていく（後略）。

　このように、場面の前後の展開も含めて、面白い。

　なお、『一遍聖絵』に描かれる「備前福岡の市」について、五味文彦は「ここに福岡の市という市が描かれている点にも注意したい。それまでの布教の対象は、武士の館が中心であったが、それが市に来る人々に勧めるように変わってきているからである…（中略）…宿や市などがこの時期に生まれ、にぎわっていったことを絵は物語っている」と指摘する（『新視点中世史　躍動する中世』より）

　それでは、市という空間にはどのような特色があるのか。網野善彦によれば、市は「神々の世界、あるいは冥界との境であり、共同体を越えた境界領域」であり、「無縁」の場であった（『無縁・公界・楽』参照）。無縁の場ゆえに、市はアジール（聖域）としての機能も担っていた。網野の著書、『無縁・公界・楽』には、以下の記述がある。

> 　市では、殺傷はもちろん、喧嘩口論、押買押売、さらに借金取り立ても固
> く禁じられていた。借金や罪を負った人も、奴隷身分の人も、市の場では追
> 及を免れることができた。そして万一、何か事件が起こった場合でも、それ
> はその場のみで処理され、市の外には持ち出さない習慣であった。（『無縁・
> 公界・楽』より）

　一遍が念仏という救済活動を展開し、そこに人々が集まった背景には、社会の
荒廃状況がある。10年間続いた源平の内乱、地球の寒冷化ときききんの頻発（こ
の点については、『ともに学ぶ人間の歴史』71ページ「気候の変動と大ききん」
に記されている）という時代状況のなかで、救いを求める人々の心性があった。
この点と関連付けながら、一遍を学んでいくのは、中世という時代のイメージを
つかむきっかけになる。そういった観点に立った際に、備前福岡の市・念仏札・
布教の様子（踊り念仏）・その前提としての飢餓（『餓鬼草紙』）等この題材に関
するネタが『ともに学ぶ人間の歴史』に多数収録されているのである。

3　授業の展開

　この授業は、源平合戦の時代のあとに行う。「鎌倉時代」を学ぶ際に、内乱と
の連続性のなかで授業を組みたい。そこで、鎌倉時代の成立と一遍の生涯を結び
つけながら、授業を展開する。

　冒頭「念仏札」を使用する。この「念仏札」もまた、『ともに学ぶ人間の歴
史』からコピーしたものである。これを厚紙に印刷して準備しておく。教室に入
って、授業を開始する段階から、授業の様子を再現しよう。

〔導入〕「念仏札」との出会い

Ｔ：「突然ですが、みなさんに質問があります」

【問】あなたは、「死後の世界」を信じますか？

Ｔ：「死後の世界を信じる人、手を挙げてみてください。それでは、信じないと
　　いう人も手を挙げてみてください。」

S：「信じない。死んだら、何もなくなると思う」

S：「信じる。人は死んで、生まれ変わるって聞いたことがある。
　　前世の記憶をもっている人の話も聞いたことがある」

　死後の世界を信じないという生徒もいれば、信じているという生
徒もいる。少し意見交流したうえで、教室をまわり、人数分以上印
刷した「念仏札」を一人一人に渡していく。

T：「これを受け取れば、極楽浄土へ行けるお札を持ってきました。
　　極楽浄土とは、仏教世界でいう、とても美しくて安らかな、死
　　後の世界です。あみだ様が救ってくれます。ほしいですか？」

S：「ほしい！もう1枚ちょうだい！」

T：「はい、どうぞ。これをもっていれば極楽へ行けるからね」

S：「いらない」

T：「そういわずに、まぁもっておきなさい。筆箱にでも入れておくといい」

　いらないという生徒にも、無理やり？渡していく。怪訝そうに見る生徒もいる
が、教室は大盛り上がりである。

T：「今配ったカードには、どのように書いてありますか？」

S：「南無阿弥陀仏（なむあみだぶつ）？」

T：「そう、南無阿弥陀仏。これがあれば、あみだ様が救ってくれます。念仏札
　　というものです。実は、今から約730年前ごろ、いま僕がやったのと同じよ
　　うなことをした人がいます」

　と言い、具体的な学習活動に入っていく。

〔展開1〕時代状況と救いへの渇望

T：「前回、源氏と平氏の、内乱の時代について学びました。そのあとに『鎌倉
　　時代』と呼ばれる時代に入っていきます。当時活躍した人物が、『念仏札』
　　を渡した一遍です。資料を読んでみましょう」

《資料1》5年におよんだ源平の内乱では、多くの命が失われました。同じ
一族が、敵味方に分かれて戦い、負けた側では、幼い子どもまでが殺される

こともありました。内乱の時期のききんでは、多くの人たちが餓死しました。
（『ともに学ぶ人間の歴史』66 ページ）

Ｔ：「当時の、京都のききんを描いたといわれる絵です。『餓鬼草紙』といいます。
　　　気づいたことや、変だなぁと思うところはありますか？」

『餓鬼草紙』（写）「伺便餓鬼」　国立国会図書館蔵

Ｓ：「ガリガリだけどおなかだけ出ている人がいる」

Ｓ：「栄養失調の人じゃないかな？　そういう写真を見たことがある」

Ｓ：「裸の人がいる」

Ｓ：「排便を狙っている？」

Ｔ：「当時、飢えてこのような体型になった人たちもいたのでしょう。この絵自
　　　体は、前世の行いが悪くて『餓鬼』になった人たち、と描いていますが、モ
　　　デルとなった栄養失調の人たちがたくさんいたと考えるのが自然です。きき
　　　んの際の、京都の町の様子を描いたともいわれています」

〈『餓鬼草紙』の提示も含め、学び舎教科書の展開をそのままなぞる。ただし、
純粋に苦しむ人々の姿に注目させ、「救い」はそのあとで出したいので、同じ
『餓鬼草紙』でも、河本家本の「食糞餓鬼図」の場面を用いている〉

【問】こうした時代のなかで、さっきの「念仏札」を配る人物が現れた。人々は、「念仏札」を喜んだと思いますか？　喜ばなかったと思いますか？

S：「世の中が苦しいから、死後、安らかな世界に行けるのは魅力的だったはず」

S：「すがれるものにはなんにでもすがりたいんじゃないかな」

T：「なるほど、そうかもしれないね。当時、救いを得るには厳しい修行に耐えて悟りを開くか、寺院へのばく大な寄付など財力を使うかしなければいけない、と考えられていました。念仏札を受け取れば極楽浄土へ行ける、念仏を唱えれば極楽浄土へ行ける、というのは、魅力的だったかもしれませんね」

T：「それでは、実際に念仏札を配った、一遍という人の様子を見てみましょう」

【問】念仏札を配った一遍という人物（一番左側）が描かれています。いったい、どんな場面でしょうか？　吹き出しにセリフを書き込んでみましょう。

〈少し時間をとり、机間巡視を行ったうえで〉

T：「では、AとBにどんなセリフが入りましたか？　紹介してください」

S：「Aは、刀を指差して『それ、なんぼ？』。Bは、『売りもんちゃうわ！』」

T：「なるほど、一遍から話しかけたという説だね。他の人はどうかな？」

S：「Bが先で、『くそ坊主、叩き斬るぞ！』。Aは『南無阿弥陀仏！』」

T：「さっき学んだ『南無阿弥陀仏』を早速活用しているね」

S：「Bが、『キェー』とか言っている。Aは、『それ以上動くと命がないぞ！』」

T：「じゃあ、このあと一遍が男をやっつけるのかな？」

S：「そう。一遍が最強」

T：「そもそも、なぜこのような状況になっているのか。実はこれは絵巻物の一場面で、その前の動きも全部書かれています。順番に見てみましょう」

〈黒板掲示用に、一遍聖絵の展開を作っておき、備前福岡の市にいたるまでの状況を見ていく。神主の息子の嫁が出家する場面では「だから近くの人は泣いているのか」等と反応する生徒もいる。男たちが追いかけてきて、備前福岡の市の場面までたどりつく〉

一遍を追う神主の息子と従者　　神主の息子の嫁の出家

【問】一遍はこのあと、どうなったのでしょう？

S：「神主の息子に殺された！」

S：「男たちをやっつけた！」

T：「どちらの意見も出ていますね。では、つぎの場面です」

〈つぎの場面の絵を見せる〉

　男たちが出家した場面である。一遍は、「おまえ、神主の息子か」と言った、と紹介し、「心の中で南無阿弥陀仏と唱えたのかもしれないね」等といってみる。

神主の息子の出家

一遍のカリスマ性や、救いを求める人々がたくさんいた点をおさえたい。こうした人たちも包み込み、一遍の教団は大きくなっていく。

一遍の旅路　（五味文彦『新視点中世史　躍動する中世』182 ページより）

『一遍上人絵伝』国立国会図書館蔵

〔展開2〕おどり念仏の秘密

【問】一遍たちが念仏を唱えている場面です。気が付くことはありますか？

S：「めっちゃ人が集まっている」

S:「高いところにいる」

S:「車がたくさんある」

S:「見ている人がたくさんいる」

T:「いいところに気づくね。みんながいうように、とてもにぎわっています」

S:「念仏を…唱えている？」

S:「太鼓みたいなのを叩いている」

T:「念仏というイメージと違うかもしれないね。舞台の上で行っているのが、一遍が取り組んだ「おどり念仏」です。資料を読んでみましょう」

〈『ともに学ぶ人間の歴史』66ページより、以下の記述を判読する〉

《資料2》時宗を開いた一遍は、13世紀の後半、九州から東北地方まで、16年間にわたって旅し、出会った人たちに念仏札を配りました。「南無阿弥陀仏と唱えて、阿弥陀仏にひたすらすがりましょう。阿弥陀仏はすべての人を救い、極楽浄土へ導いてくださいます」と、念仏をすすめました。

　一遍と弟子たちは、町に入ると、鐘や太鼓を打ち鳴らし、念仏を唱えながらおどります…（後略）。

T:「鐘や太鼓を打ち鳴らす、おどりながら念仏をとなえる。今の念仏のイメージとは、だいぶ違いますね。ところで、考えてみたいのだけれど…」と言い、

〈次の問いを板書する〉

【問】なぜ、一遍は「おどり念仏」という方法をとったのだろう。

S:「目立って、人を集めやすいから」

T:「なんだろう？と思わず気になって、人々が集まってきそうだね」

S:「盛り上がって楽しいほうが、苦しいことを忘れられるからだと思う」

S:「一緒に参加したいと思えるし、おどっていると元気になれそう」

S:「やっぱり、楽しそうだし、念仏札をもらったり南無阿弥陀仏と唱えたりするだけでいいし。きっと一遍は、当時の人たちの気持ちにおどり念仏はあっていると考えたんだと思う」

T:「なるほど、苦しい時代状況のなかで、『楽しそう』な感じも求められていた

のかもしれないね」

〔まとめ　一遍の宗教活動を問う〕

T：「一遍の教団はどんどん拡大し、各地に道場が開かれていきます。ところが、
　　一遍自身は死に際して、自らが書いた書物を全て燃やしてしまいました」

S：「え、なんで燃やしちゃったの？」

T：「それはわからない。わからないけど、考えてみるに値する出来事です。最
　　後に、この時間のまとめもかねて、次の３つの問いに対して、あなた自身の
　　考えを書いてみましょう」

---

①一遍は、なぜおどり念仏をはじめたのだろう？

②なぜ人々は一遍の周りに集まったのだろう？

③なぜ一遍は自らの書物を燃やしてしまったのだろう？

　時代状況を踏まえた一遍への興味や共感から、一遍が自らの教えを記した書物
を燃やしてしまった事実に、生徒たちは衝撃を受ける。同時に、そこには何かし
らの意味があるはずだと考える。③の問いは、明確な答えのない問いである。だ
からこそ、推論する楽しさがある。授業の終わりには、こうしたオープンエンド
の問いを大切にしたいと、筆者は考える。以下は、予想される生徒の記述である。

 ①一遍は、なぜおどり念仏をはじめたのだろう？

◆「一体感があって、盛り上がれるから」

◆「目立って、人を集めやすい。教団を大きくしていくときに有効だった」

◆「自分たちが来ているとアピールしやすい」

◆「楽しいと、苦しい状況を忘れられるから、当時の人々の気持ちに合ってい
　た」

 ②なぜ人々は一遍の周りに集まったのだろう？

◆「楽しそうだから、一緒に参加したくなった」

◆「南無阿弥陀仏と唱えるだけで救われる、という主張が魅力的だった」

◆「貧しい人でも、唱えるだけで良いというのが良かった」

③なぜ一遍は自らの書物を燃やしてしまったのだろう？

◆「一遍は『おどり念仏』という、新しいかたちをつくった。その時代に合わせて、自分たちで考えて、新しいかたちをつくれ、というメッセージ」
◆「自分が書いた言葉に弟子たちが縛られるのを嫌った」
◆「勝手に解釈されたり、一部分だけ好きなように使われたりするのが怖かった」

4　さらに授業を深めるために

　授業プランとして、1時間の流れを示した。実をいうと、上記の授業は、筆者が勤務校（私立高校）の日本史Bの授業で実践したものでもある。問答形式で記された生徒の反応は、実際の高校1年生の反応である。ではこの授業プランが中学生には難解な授業かといえば、筆者はそうは考えない。『ともに学ぶ人間の歴史』で扱われている教材に子どもたちをひきつける力があるため、校種や「学力」に関係なく、参加できる、深く学べる授業が構成可能なのである。

　なお、より深い学びのために、さらに踏み込んだ授業づくりもあり得よう。本時は一遍の行動から時代状況を観るという構成にしたため主題から外しているのだが、市のもつ特異性に注目しても面白い。

　例えば、備前福岡の市の場面のあと、神主の息子が出家するが、前掲した、小松茂美編『日本絵巻大成　別巻　一遍上人絵伝』の解説文が秀逸である。再掲する。

　男が、腰の大太刀に手をかけたとたんに、一遍のほうが先に口を開いた。あ、そなたは、吉備津宮の神主どののご子息とな……。あとは、蛇ににらまれた蛙も同然。主従は、ただ、眼を白黒させるばかりであった。
　しばらく、沈黙の時が流れた。やがて、観念した夫は、**上人さま、私が、私が悪うござった**。妻同様、私も発心いたしました。どうか、私に戒をお授けくだされ。剃髪して入道いたします。というと、即座に、かれは折烏帽子を脱ぎ、腰の大小を大地の上に投げ出してしまった。

　授業では配布資料の構成を練る必要があろうが、文字資料として提示しても味わい深く面白い。神主の息子の「私が悪うござった」は何を指すのか。様々な仮

説が立つが、その1つとして、市場との関連性をあげても良いだろう。

　前述したように、市場にアジール（聖域）性があるのであれば、そこには「救われたい」という渇望をもった人々が多数集まっている可能性がある。その市場で布教する一遍の前に現れた、神主の息子と従者の場面の一部を拡大してみる。右側の従者をよく見ると、もともとは一遍と反対側を向いて弓を構えていたのがわかる。

　なぜ、弓を構えているのか。中世の市では、市の外の世界の出来事を市（＝無縁の場）に持ち込み、口論や殺傷沙汰を起こすのは、もってのほかであった。それを承知で神主の息子は市に乗り込んだ。とすれば、従者のもつ刀や弓は、この直後に彼らを排除しにくるであろう市の住民たちに向けられているのかもしれないし、その状況を平和的に治め出家させてしまう一遍のすごみはさらに引き立つ。

　だとすれば、次のような発問も授業のなかで位置づけられる可能性がある。

・なぜ一遍は市場で布教したのだろう？　どんな人を救いたかったのだろう？

・消された従者の弓矢は、もともとどのような人たちに向けられたのだろう？　なぜそうする必要があったのだろう？

・「私が悪うござった」と神主の息子。どのような悪いことをしたのだろう？

市のもつアジール性をこの授業の前に配置する等、単元構成の工夫により、この場面から子どもたちがより深く追究し、時代像を形成する活動も可能だと思われる。その場合には、例えば網野善彦・司修『河原にできた中世のまち』も活用すると面白い…。このように、教室の生徒たちの様子や、各教師がワクワクする教材・記述をもとに、授業をアレンジできる自由度が、『ともに学ぶ人間の歴史』にはある。筆者が冒頭で記した問題関心は、こうした教科書の特性に拠っている。

【参考・引用文献】
・小松茂美編『日本絵巻大成　別巻　一遍上人絵伝』中央公論社　1978 年
・小松茂美編『日本絵巻大成　7　餓鬼草紙　地獄草紙　病草紙　九相詩絵巻』中央公論社　1977 年
・五味文彦『新視点中世史　躍動する中世』小学館　2008 年
・網野善彦『無縁・公界・楽―日本中世の自由と平和―（増補）』平凡社　1996 年
・網野善彦・司修『河原にできた中世の町―へんれきする人びとの集まるところ』岩波書店　1988 年

（私立高校教員）

【編集部注】
　ブックレットに載せた『一遍上人絵伝』は、国立国会図書館にある写本や東京国立博物館にある模本ですが、原本の『一遍聖絵』と同じ場面を掲載しています。『餓鬼草紙』も同様です。

4　第9章（10）「赤紙が来た」

戦争が遠くなった君たちへ
—戦時下の模擬家族と現代—

平井　敦子

1　はじめに

　戦前のジャーナリスト清沢洌は『暗黒日記』（岩波文庫）の中で、1945（昭和20）年1月1日の日記に、「日本国民は、今、はじめて『戦争』を経験している」と書いている。わが頭上に空爆が襲うまで、戦争は「外で行う」ものだった。すでに終わった出来事として歴史を学ぶ身には、1931年以来大陸で戦争していたではないか、まさか、と思うものだが、今「戦前」の空気を感じ始めて、その意味がわかるような気がしてきた。

　そのような中で学び舎教科書は、戦時下の暮らしをリアルに国民の体験に寄り添うように書いている希有な教科書だ。生徒には、ひとつひとつ紹介された事実を丁寧に読み、想像し学習してもらいたい。ただ、それでも「過去」のできごととしての理解になるかもしれない。それを教室で深め、「わがこととして」戦争を考えるような授業を工夫してみたい。

　あの時代も、大正デモクラシーの自由な気風を謳歌していた人々もいた、豊かで幸せな生活もあったはず。それが戦時体制でじわりじわりと締め付けられ、「お国のために」言いたいことも言えない、できない時代になることを、どうにか生徒に実感をもってほしいと考えた1時間の実践である。

2　私の家に戦争がやってきた

○　1930年代の家族と社会

・1930年の人口ピラミッドの図を示す（目線は、現代に生きる教室で学ぶ中学生。「富士山型！」というように、"学習対象"としての当時を見ている）。

「今と違って、子どもが多いね。兄弟ケンカとか、近所の友達と遊ぶとかして

いたんだろうね」

・当時の子どもたちが路地や空
き地で遊ぶ写真を示す。

・そして、家族写真①を示す。
「こんな感じかな。お父さん、
お母さん、おじいさん、おば
あさん。まだ小さいけどこの
子が長男かな」「おじいさん
は洋装。みんなおしゃれをし
て、何かの記念写真だろうか
ね」

①

「三世代同居が多いし、本当に子どもが多
かった時代だよ」

・モボモガの流行ファッションで歩く人々の
写真②を示す。

「都会ではおしゃれな男女がいて、ファッシ
ョンに関心を持つ人々が多かったけど、戦争
がまたはじまってきた。人々の生活はどう変
化したのだろう」

②

　戦争といえば、貧しい、厳しいという印象
はある。でも「昔」はもともとそんなに豊かではないのだろうから、という思い
込みがないわけではない。だけど、大正時代には、大阪の通天閣とルナパーク
（1912-1923年）のような娯楽施設もあったし、東京の賑わいもたいそうなものだ
ったのだ。

　授業は、「日中戦争」「第二次世界大戦」「アジア太平洋戦争」と、戦争の流れ
を見てきたところまで進んでいる。そして、学び舎教科書p.242の「(10)赤紙
が来た―戦時下の国民生活」である。

　清沢洌が言うように、当時の人々にとって、戦争は「外地」の話だった。新聞

やラジオは、政府の統制下に入っていた。勇ましい皇軍、愚かな中華民国政府や国民、ものわかりの悪い欧米各国…。都会や田舎の一部の知識人には、そう簡単な話ではないということがわかっている者もいただろう。留学経験者は多いし、国際ジャーナリストだっていた時代であり、1928年にはパリで「不戦条約」も結ばれるという時代の中で、日本が軍隊を大陸に広く展開しはじめたのだから。

　ただ、庶民は毎日の生活が、平穏にすぎることが何よりなのだ。そして、満州国の成立や、南京政府の樹立や、大東亜共栄圏と「皇恩に浴する」地域の拡大という「心地良い世相」に満足していたろう…。そしてあと少し、あと少しで「勝利」が来るはずなのだ。

「今日は、みんなにそんな時代の模擬家族になってもらいます」

〔学習活動〕

　・仮想で設定した6家族を示し、班に割り当てる。

　・家族の配役をグループで相談して決める。

　・決まった役をワークシートに記載する。

　楽しそうに、わいわい配役を決める。「どんな家庭か、イメージできるかな」と言いつつ、グループに日々の生活を感じてもらう。「私3歳（笑）！　お兄ちゃ～ん！」など盛り上がっているが…。

【模擬家族】

1　2町歩の水田で生計をたてる小作農家	2　5町歩を開墾する満州農家
・おじいちゃん 67歳　　（　　　）	・おじいちゃん 58歳 村の在郷軍人会の会長（　　）
・お父さん 44歳　　　　（　　　）	・おばあちゃん 54歳　　　（　　　）
・お母さん 45歳　　　　（　　　）	・お父さん 27歳　　　　（　　　）
・二男 18歳　　　　　　（　　　）	・お母さん 26歳　　　　（　　　）
・長女 16歳　　　　　　（　　　）	・長男 8歳　　　　　　　（　　　）
・次女 14歳　　　　　　（　　　）	・長女 3歳　　　　　　　（　　　）
・農耕馬 1頭	・農耕馬 2頭
※20歳の長男（　　　）華北に出征	※おじいちゃんは日露戦争従軍経験者

3　新聞社に勤めるサラリーマン家庭	4　函館で青函航路に従事する国鉄職員
・お父さん 45歳　　　（　　　　　）	・おばあちゃん 67歳　（　　　　　）
・お母さん 45歳　　　（　　　　　）	・お父さん 45歳　　　（　　　　　）
・長男の奥さん　　　　（　　　　　）	・長男 20歳　　　　　（　　　　　）
・二男 21歳 大学の法学部に通う（　　　）	・二男 18歳　　　　　（　　　　　）
・長女 21歳 看護学校に通う　（　　　　　）	・長女 14歳　　　　　（　　　　　）
・三男 10歳　　　　　（　　　　　）	・三男 10歳　　　　　（　　　　　）
※長男24歳（　　　　　）は満州で従軍	※お母さんは亡く、おばあちゃんが家事
5　お好み焼き屋さんを営む町の食堂	6　校長先生、先生の家族
・おばあちゃん 60歳　（　　　　　）	・おじいちゃん 58歳、校長先生（　　　）
・お父さんの姉 41歳　（　　　　　）	・おばあちゃん 57歳　（　　　　　）
・お父さん 40歳　　　（　　　　　）	・お父さん 28歳　　　（　　　　　）
・お母さん 37歳 町内の国防婦人会の副会長（　）	目が悪く丙種で召集されなかった教師
・長男 20歳　　　　　（　　　　　）	・お母さん 27歳　　　（　　　　　）
・二男 10歳　　　　　（　　　　　）	・お父さんの弟 20歳　（　　　　　）
※お父さんの義兄はシベリア出兵で戦死	・長女 9歳　　　　　（　　　　　）
	※お父さんの弟（　　　　）は満州で従軍

※これらの家族例は、学び舎教科書p.290「歴史を体験する　一人ひとりの歴史・家族の歴史」で聞き取りした事例や、地域の歴史掘り起こしから記録された事例など、実践者自身がリアルにわかるものだと良い。ここに掲載した家族は、私自身がそのように知った事例を組み合わせたものだ。

「これから、政府からの発表や指令を出していきます。自分の家族に何か変化があればワークシートに書いて下さい」

(1)　「赤紙」が来た

　5番お好み焼きの長男、出征です。6番先生の家の弟、出征です。
　4番函館の長男、出征です。

そう言いながら、「赤紙」の復刻を、当該班の席に教師が配達する。

「何が書いてあるんだろう？」「いつまでにどこに？　準備するものは？」

「家族はどう思う？　一人いなくなることで生活はどう変化するだろう？」

想像して、自分の「役」の目で、ワークシートに記入する指示を出す。まだ戦時下の様子がわからず、あたふたしながらも、書いていく。

③　納谷亀之助出征記念写真

・働き手がいなくなる（父）

・お兄ちゃん…いなくて寂しい（妹）

・大丈夫かな？　生きて帰って欲しいけど（母）

そんな様子を、「赤紙」をもらわなかった家族グループはにやにや見ているが。

「出征者のいない家族もぼーっとできません！何やっているんですか、町内の人は出征準備ですよ」

写真③・④を示す。

・出征する人がいる家族やご近所の女の人は、日の丸の旗を作ったり、千

④　大日本国防婦人会京都・室町支部

人針を集めなければなりません。ほら、子どもでも手伝えるよ。

・近所の人は、大きな日の丸に寄せ書きを準備しましょう。ほら在郷軍人会のお父さん、先頭きってやらないと。国防婦人会のお母さん、日の丸の旗やたすきを持って見送りですよ。

・赤紙には「準備・持ち物」があります、用意しましょう。

・彼氏、彼女、恋人たちは？　結婚式をする人も。

そして、出征者には日の丸のはちまきやたすきを用意し、みんなの前で「立派に挨拶」させ、机いすをもって教室の後ろに移動させる。この後は家族からの手紙で、「内地」の様子を知ることになる、そういう形で引き続き授業に参加する。

(2) 「欲しがりません勝つまでは」と生活の統制が強まります

○　国民服令が制定されました。

「服を地味にすることになりました。でもユニクロで買うわけではありません。生地を手に入れ仕立てたり、以前着ていたワンピースや晴れ着も、仕立て直します」（写真⑤）

「だれが仕立てるのですか？」

「それはもちろん、お母さんや娘たち。家族みんなの分を考えなくてはね」

ええ〜と言いながら、ワークシートに次々書き込む。

⑤　写真週報278号　1943年6月

○　金属供出になりました。家族で何が出せるか相談しなさい。

「なべ…鍬…」

「いや、ダメだって、出したら困る」「でも…」

「はい、国防婦人会のお母さん町内会で配付された金属供出チ

⑥　長野県、大政翼賛会、戦時物資活用協会　1942年以降

ラシを持って、各家庭に声をかけて回りなさい。まだまだ出せるものがあるは

ずですよ、と」

当時の資料には、街灯の笠や、マンホール、コート掛けのフックなど、細かく例が書かれている。そんな出せるはずのもの一覧を読み上げ紹介する。

「教室も見回して下さい、何を出せますか？」

「あ、机の脚！」「ドアの取っ手…」

「あのパイプ」「うわあ、いっぱいある！」

お好み焼き屋さんの国防婦人会のお母さんは、役場の指示で金属チラシを持ち、各家をまわり説得に出たはずだ。奥さん、あれも出せますよね、これも…と。

「みなさんの家庭ではどうですか。まだ出せるね」

そして、お好み焼き屋さんは、ついに「鉄板」を出してしまいました。そうやって、北海道に移住した例があったということを、以前、生徒が書いた「わが家の20世紀」から教えてもらった。

○　食糧や生活必需品は配給になりました。

いくらお金があっても、切符がなければ買えません。

・次々に配給品指定が増えます。

・お米も不足し、マメ、イモなどの代用食になります。

・農家の皆さんは、まだ食糧事情は大丈夫かもしれません。

・サラリーマンや、公務員はどうでしょうか。

・札幌の大通公園は、畑になっていきました。

・そして、その貴重な衣料切符も、新調は絶対止めて献納しようと、呼びかけられます。（写真7）

○　少しでもお金があれば「貯蓄債券」が奨励されます。（ポスター8）

生徒はワークシートに書き込んでいく。次々と政

7　写真週報278号

8　大蔵省　1940年

府から降り注ぐ命令に、ただひたすらに応え、我慢しながら。それでもまだ、爆弾は降ってこないのだ。勝てる、勝つ、「欲しがりません勝つまでは」。後どれぐらい我慢したら勝てるかな。3歳児は大丈夫？ 小学生になってたら、学校でも軍事訓練しているかな？ 将来は兵隊さんや看護兵かな…と、イメージをもっていく。

⑨ 馬は兵器だ

(3) 農家のみなさん「馬は兵器」です
馬を供出してください（ポスター⑨）
「馬がいなくなったら畑が…」
「南京の戦闘で多くの馬の死体がありましたね、彼らも勇ましく、立派に出征したのです。軍馬として調教してから出ましたが、北海道仙美里の駅では貨車に乗りたくないと、踏み板をガリガリ削ったといいます」

出征馬にも、りっぱなたすきや飾りがつけられ、村から送られたのだ。当時の写真を示しながら「総動員」体制を実感する。この授業では扱わなかったが、犬やネコが寒冷地で戦う兵隊さんのための毛皮になると、供出された。

地域に残る様々な資料が、徐々に生徒の身に「実感」として迫りはじめ、授業は緊張と静寂が支配するようになる。

⑩ 海軍志願兵募集　1941年

(4) 志願兵の募集が盛んに行われるようになります（ポスター⑩）
「水兵、航空兵、機関兵、軍楽兵、看護兵、主計兵の6種、年齢17歳以上21歳未満。さて、農家の18歳、どうしますか？ 新

聞社の長女、19歳は看護兵になることができます」

「昔からよく近所で遊んでいた友人たちも志願すると言います。本人たちは、家族は、どうしますか？　家族会議してください」

「行きたくないよ」

「そんなこと言う雰囲気ないじゃん」

「でも、お前が志願したら、うちの畑仕事どうなる？」

⑪　写真週報318号　1944年

(5)　「銃後の守り」が叫ばれます

「女性も子どもも竹槍訓練や消火訓練に、そして勤労動員に出ます」

「お母さんたち、訓練に出て下さい。国防婦人会の会長さんが責任者です。在郷軍人会のおじいちゃん、指導して下さい」

「1番の農家の長女、次女、4番の長女、勤労動員です。工場に出なさい」（写真⑪）

(6)　法令が変わりました。「学徒動員」が決まりました（写真⑫）

⑫　写真週報296号　1943年11月3日発行

「3番の法学部の二男、待ちに待った出征です。理学部はもったいない、研究開発にいそしんで下さい」
「え、いや、待ってないって！」
「なんでオレ？　理学部ずるい」

(7)　また「赤紙」です

「満州のお父さん、二度目の出征です。出征の準備やります。家族の生活はどうなりますか」
多くの聞き取りの中で、出征が二度も三度もという事例をきいた。
「丙種で徴兵されていなかった6番の家族の先生に、赤紙です」

(8)　新聞社のお父さん…

「特別高等警察が来て、連れて行かれました。取材仕事の途中で、風景を撮影した『罪』です。スパイだろう、と責められ釈放されましたが、右足が不自由になりました」
小林多喜二の学習をした際、生徒はその "痛み" を恐怖とともに感じていた。この国家総動員体制で、少しでも政府に、軍に目をつけられたら、という不安が襲ってくる。
「近所のおじさんが、特高に連行された。それを聞いてほかの家族は、どう思うでしょう。」「うちも気をつけなきゃ」
「非国民だったんだ、あのお父さん」

とてつもなく、息苦しい社会。戦地で戦うお兄ちゃんやお父さんは、どんな思いで残された家族のことを考えていたのだろう。「家族への手紙」または家族から「戦地への手紙」を書かせてみてもいいかもしれない。そこに、正直に書くことすらためらう、何かを感じ取っているだろうと思う。
　こうして1時間の授業を終えた。生徒のワークシートを紹介する。次々に起こる戦時下の出来事をうけとめて、「どうして歴史を勉強するのか」その意味を受け止めてくれた。

学習活動

戦争がはじまって、私の家族は、生活は…

番号	4)	家族	おばあちゃん、お父さん、次男、長女、三男

私は	次男	18歳	2組

家族にあったできごと	その影響で家族の生活は？
兄が出生	一番上のお兄ちゃんが お国のために戦争に行った。妹は病弱にすってがんばっていた。廃棄物は自分たちなどや包丁など、いろいろ集められた。料理を作るのが困難に。
銅がとられる	
食物が配給制、玄米に	ご飯はいっぱいあるけど、おかずが無い。しかし、玄米になった。甘いものも食べれない。
物価が高くなる	買いたいものが、どんどん高くなる。ほしいもの上手に入らない。貯金に行った。
志願兵が募集される。自分も行くことになった。	次男の自分が戦争に行かなければならない。妹と弟は苦労するかも。
妹が中学生 工場に行く。	人が足りないから、中学生だけど工場で働くことになりそうだ。

A○

【私】に想像力を働かせどんなことを思い日々を過ごしていたか書いてみよう

少し前までは 中国に勝って 日本はすごかったと思うのに、気づけば
もう総力戦になっている。お国のためだとはいえ、どうしてこうなってしまった
のだろう…。でも、私の国のためにしっかりと働かなければ…。

■今日の学習を通して考えた事
　両親や祖父母から戦争についてよく聞きます。悲惨で残酷で、という
ことは聞いていました。実際に体験するつもりになってみると、本当に
つらいと思います。どうして歴史を勉強するのか、改めてわかった気が
します。戦争体験者が少なくなってきて、周りに怖い国もたくさんある今、
ぜったいに戦争が起こってしまわないでほしいです。

3　そして、敗戦に向かう日本

　授業は、「(11) 餓死、玉砕、特攻—戦局の転換」へと進む。その導入は、玉砕の地であるガダルカナルから還ってきた「英霊」の葬列だ。万歳と日の丸を振って送り出した兵隊たちの死。「海ゆかば」を教室に流しながら地域の護国神社に向かう様子を画像で示した。まだ、本土は戦場になっていない。

　政府の情報統制で、新聞もラジオも戦場の姿をねじまげ、国民は「勝利」を信じさせられ、少国民は「命をかける」ことを夢見る。死ねば英霊として靖国の御霊になるのだと。

「出征したお兄さんや、お父さんが、英霊となって還ってきました。名誉なことですね」と問うと、みんな静かに首をふっている。身近な人が亡くなることが悲しみでないはずはないのだ。

　制空・制海権を失い、孤立する太平洋の島々に多くの兵士がいた。「勇ましい戦死」「玉砕」と報じられた死の現場について、教科書 p.244 に紹介する新聞報道と写真は示している。

　その戦場は、模擬家族とはいえ、肉親を送った場所だった。

「赤紙一枚で、どこで戦っていたのだろう」

「空腹をこらえて、乏しい配給生活に耐えて、戦地の兵隊さんに、お父さんたちにと送った食糧は、補給船の多くが太平洋で沈められ、戦場の兵隊さんには届かなかったのです」

「金属供出し、勤労報国し、製造した飛行機や軍艦も、多くの兵士の命とともに太平洋の藻屑となったのです。供出した馬は70万頭から100万頭と言われてますが、みな帰ってきませんでした」

海行かば
水漬く屍
山行かば
草生す屍
大君の
辺にこそ死なめ
かへりみはせじ

⒀　葬列と「海ゆかば」

「千人針も、勇ましい日の丸の寄せ書きも命を救いません」

教室中が、静まりかえる。

　もう一度長い長い遺骨の列が戻ってくる様子、「海ゆかば」の演奏。札幌もアッツ島玉砕の「英霊」の列は1kmにも連なったという。

　そしてこの授業で伝えたいのは、勇ましく戦って死んで「靖国の英霊」になるという宗教とともに、「生きて虜囚の辱めを受けず」の戦陣訓が、国際法で認められていたはずの投降を許さず、最後まで突撃して死ぬ（自殺行為だ）ことを選ばせたということだ。

　北海道内には連合国軍の「捕虜収容所」がある。（写真⑭）

⑭　函館捕虜収容所　第1分所（芦別市）

　日本兵には「恥」と教えながら、捕虜を国際法に準拠して収容するのだから、決して褒められた待遇ではなかった。だから、戦後各地の戦犯裁判所で捕虜への虐待が問われ多くの日本兵が処罰された。でも、ここには確かに「国際法」が存在している。「命綱」を兵士に与えなかった大日本帝国の過ちを、生徒に教えずにおれない。

　そして「（12）町は火の海―本土空襲」の時を迎える。

　清沢洌の記したように、本土の帝国臣民の上に爆弾が降ってきた。兵士の命を紙くずのように無残に見殺し、沖縄を捨て石にする「大日本帝国」は、本土の国民の「命」さえも守ることはない。

　「空襲は恐れることはない」

「火は消さねばならぬ」

「逃げ出すと食糧停止」

　次々に出される命令。東京大空襲をはじめ、全国が空襲を受け、沖縄では絶望的な状況にあっても、鈴木首相は「滅私奉公、全国民一体となって、国体護持のため、断じて戦い抜け」と檄を飛ばした。

　「次々に襲う空襲の中、6番の家族、校長先生は奉安殿を守るために学校に行って亡くなった」

　「青函連絡船の航海士をしているお父さんの家族がいたね。青函航路を管轄する軍に対し1945年7月13日、この家族のモデルになった国鉄職員さんは『東京方面からの情報で、明日青函航路が空襲を受ける可能性があります。運航を停止し避難させるべきです』と軍に上申しました。でも『空襲されようと、永久要塞（函館山）は万全の備えがある！　貴様の考えは"敗戦思想"だ！』と一蹴され聞き入れられませんでした」

逃げ出すと食糧停止
家庭防空壕は勝手に作るな
貴は女・夜は男が警防

傍観は立派な犯罪
國民一人々々に責任

断じて戦ひ抜かん
＝総結集の臨時會議＝

帝国議会開会の鈴木内閣総理大臣の演説主旨

　今日沖縄の戦況は誠に憂慮すべきものがあり、やがては本土の他の地点にも敵の侵寇をみるやもしれぬ情勢となってゐる。…敵の空襲熾烈となり今後益々苛烈を加ふることは必然であるが…中略

　…一部の戦況に失望せず、滅私奉公、全國民一體となって國體を護持し「一人以て國を興す」の決意を以て責務を果し、最大の努力と工夫を凝し、目標を戦争完遂の一貼に凝集して一人残らず決死敢闘するとき、國民道義は確立せられ、戦力を発揮し得るものと信ずる。

『写真週報』373号　昭和20年6月21日

　青函航路は、北海道の石炭を京浜などの工業地帯に送る軍の生命線。軍に強いられて出港した青函連絡船は、空襲を受け13隻が沈められた。「永久要塞」の威力を信じろと言われた函館山からは一発の砲弾も撃たれることはなかった。7月14、15日の「北海道空襲」での出来事だ。

　各地に、多くの本当に胸が痛くなる「事実」がある。模擬家族の思いを抱えな

がら、戦争の終末期を迎える時には、まだ続くのか、また辛い思いをするのかと、「(13) 荒れ狂う鉄の暴風—沖縄戦」「(14) にんげんをかえせ—原爆投下」と続く教科書や資料にあるできごとが、みな生徒自身に重なってくるようだ。

　そして「(15) 本土決戦か、降伏か—日本の敗戦」の学習。「国体護持」にこだわる政府によるポツダム宣言受諾までの顛末を学習し、やっと戦争は終わった。でも、北海道では8月15日以後の戦争を語ることになる。「樺太」と「千島」での対ソ連戦だ。住民も国民義勇軍となり戦いを強いられ、また自決へと追い込まれた。「わが家の20世紀」について調べている生徒たちの中に、樺太や千島からの引き揚げ家族も多い。

　「満州の開拓農家は、3歳児を連れて逃避行に出ます。集団自決の村もあります。置き去りにされた子どももいました。2〜4歳が多かったそうです」
　「それ、オレのことか…」
　「私が子どもを置き去りにするの…」

　「みなさんの模擬家族は、どんな戦争体験をしたのでしょう。そして今、ここにいるみなさんの家には、どんな戦争の歴史があったのでしょう。もう一度、わが家の歴史レポートを見直してみて下さい」

【図版】
1・3・4・8　立命館大学国際平和ミュージアム　所蔵
5・7・11・12　内閣情報局「写真週報」　アジア歴史資料センター　公開
6・10　長野県阿智村　所蔵
9　本別町歴史民俗資料館　所蔵
14　芦別市星の降る里百年記念館　提供

（公立中学校教員）

1 歴史を体験する「地域の歴史を歩く」

地域を歩く
—用水路から地域の歴史を考える—

福田 恵一

1 はじめに

　人間が、どこかに住みつき、そこで生きていくにあたって、水はさまざまな意味で欠くべからざる重要な資源です。しかし一方で、その水を安定的に、安全に手に入れることは、なかなか難しい問題で、原始古代から今現在に至るまで、水の確保は重要な課題になっています。

田村分水（福生市）手前は洗い場

　湧き水があればいいでしょうか？ 湧き水が出るところは限られていますし、その量や水質も問題になります。川があればいいでしょうか？ 川は湧き水よりも豊かな水量を供給してくれますが、流域も限られていますし、季節による流量の変化、洪水や排水不良の心配もしなければなりません。

　そこで、人々は、太古の昔から川や湖から水路を引き、水を安全に安定的に確保しようと試みてきました。それゆえ、人間が住む地域には必ず人工的な水路がはりめぐらされていると言えます。

　もちろん、その水路のようすは、地形や降水量などの自然条件に左右されます。それだけでなく、それぞれの時代の水の利用のありよう、飲用、生活用水、灌漑、水運・輸送、動力、工業用水、災害対策、

日野用水（日野市）

景観・環境などは、治水の技術、産業のありよう、権力が及ぶ範囲や大きさに大きく左右されます。

　したがって、それぞれの地域で水路を見ることは、その地域の歴史のありようを見ることにかなりストレートにつながってくると考えられるのです。

2　玉川上水と江戸、武蔵野台地

　私は、そうした観点から、この教科書でも東京都小平市を流れる玉川上水を取り上げ、そこから江戸時代の新田開発の歴史を考えるページを書いています。玉川上水は、人口が急増し、居住範囲も水の得

羽村取水堰

にくい台地上に及んできた江戸の飲み水、生活用水を確保し、さらには河岸段丘の上位面に広がる広大な武蔵野台地を開発するために、1653年に江戸幕府が開削した用水路です。羽村取水堰（東京都羽村市）から四谷大木戸（江戸の入口）まで、長さ43km、高低差92m。水の得にくい江戸城、その周辺の台地上の町屋、武蔵野台地の高い部分へ生活用水や農業用水を供給しています。

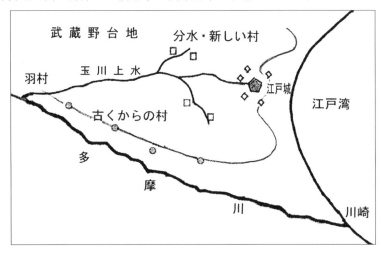

江戸市中にも、平川（のちの神田川）や古川（渋谷川）などの小河川が流れています。しかし、それらの川は台地を削り市内の谷の部分を流れているため（江戸の町に坂が多いのは、こうした川やその支流が多数の小さな谷を作っているからです）、本郷台、駿河台、白金台、上野の山といった台地上では、ほとんど利用できません。そこで、それらの台地（いずれも武蔵野台地の末端にあたる）に安定的に水を供給するためには、多摩川を台地よりも高いところまで遡り、そこから足の長い水路を引く必要があったのです。

胸突坂（文京区）　目白台から神田川に下りる

　また、多摩川北岸に広がる武蔵野台地は、そこに関東ロームという火山灰土が堆積していることもあり、水の乏しい台地として、そのほとんどが開発できない土地でした。玉川上水は、その武蔵野台地の高い地点をぬって流されたため、そこから南北に支流が引かれ、その水を生活用水や農業用水として、多くの新田（新しい村）がつくられました。私が勤務した昭島、三鷹、小平などには、その新田からスタートした村がたくさん残り、学び舎の教科書でも、その中から小平のようすを取り上げています。

辰巳用水（金沢市）

　ちなみに、こうした考え方によってつくられた用水路は、平野部（沖積平野）に城下町が進出し、その周辺の台地の開発が視野に入る江戸初期に開削されたものが全国あちこちに見られます（仙台の四谷用水、金沢の辰巳用水、甲府の甲府用水、広島の八木用水など。写真は金沢辰巳用水）

　水は高いところから低いところに流れ、1cmたりとも登ることはありません。土地の高い部分で水を使いたければ、より高いところから水を引いてくるしかないのです（現代の技術ならポンプアップなども可能ですが）。

こうして、水路から見えてくる歴史に興味を持った私は、現在、玉川上水の周辺を主なフィールドとして授業でとりあげるだけでなく、市民講座などでの歴史散策などを続け、また全国どこへ行ってもそこを流れる水路に目が行く「水路マニア」になっています。

3　水は高いところから低いところへ

　私の「水路マニア」（水路から歴史を見るようになった）のスタートは、実は玉川上水ではありませんでした。それは、有名な「桛田荘荘園絵図（四至牓示図）」にかかわることでした。桛田荘は、紀伊（和歌山県）、紀ノ川の北岸にあった荘園です。そしてここは、荘園絵図が残るだけでなく、かつての荘園領域を歩いてみることができ、そこにいくつかの史跡も残ることで知られています。そこで、それを見ようと、出かけたのは20年前くらいだったでしょうか。ほとんど何もわからず先輩についていった私は、紀ノ川の段丘上、かつての桛田荘のあたりに広がる水田地帯を見て，ごく自然に「とうとうと流れる紀ノ川の水が豊かな田んぼを支えているんだな」と感じました。ところが、中世の桛田荘では、紀ノ川の水は一滴も使えませんでした。なぜなら、紀ノ川はその地域の一番低いところを流れ、周りを別の荘園に囲まれた桛田荘は、その領域のすべてが紀ノ川より高いところにあるからです。

　では、どうしたのでしょうか。まずは、荘園の中を流れる紀ノ川の小さな支流、風呂谷川に沿って谷戸田が作られたのでしょう。ただ、そこにもう一つ、かつらぎ山地を山越えさせて穴伏川（静川）から引いた文覚井（これが現役で残っている）が開削され、それが利用されました。

　風呂谷川を遡っていくと、それが文覚井です。文覚井は、かつらぎ山地を一番低くなっている鞍部（峠）で越えています。そこからは等高線にそってゆるやかな傾斜の水路が引かれ、やがて穴伏川の川原にある取水口に出ました。その間、その水路を追いかける私は、山に登ったり、水路に下りたりしますが、水は間違いなく穴伏川から桛田荘に向かって流れ続けるのです。

　水は高いところから低いところに流れ、1cmたりとも登ることはありません。そんな当たり前のことが、腑に落ちた、わかった瞬間でした。

この風呂谷川、文覚井を見ることで、中世の領域支配の荘園のようすがわかり穴伏川の北に打たれた牓示の意味もはっきりとわかってきたのです。また、段丘上の田んぼが、一国支配を果たした紀州藩によって江戸初期に引かれた小田井用水（さらに近代の紀ノ川用水）によって開発されたことも見えてきました。

桛田荘があった地域の概念図　『玉川上水 武蔵野 ふしぎ散歩』より

　そんな目で、地元の玉川上水を見てみると、まず玉川上水は取水されてすぐに崖を登るようにして台地上に出ています（取水したあと水路は崖を登っているように見える）。羽村に残る田んぼも、目の前の多摩川の水が使えず、1km遡った小作から引く車堀という水路で水を引いています。地元にもちゃんと「なるほど」や「すごい」と感じられるものがたくさんあることがわかり、さっそくそれを調べ、歩き授業に取り入れてゆきました。そうした体験が今の私につながっているのです。

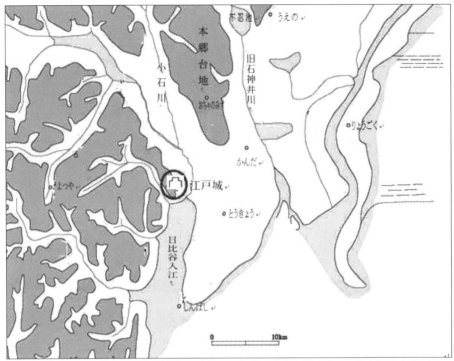

「巨大城郭江戸城地図」より　著者加筆

「水は高いところから低いところに流れ、1cmたりとも登ることはありません。みなさんわかっているし、さらにここまでの話でそれがよりはっきりしたはずです。では、それがホントにわかったかどうか、テストをしてみましょう」

問題

　この地図は、太田道灌の時代の江戸城周辺の地図です（███の部分は台地）。

　このあと、江戸幕府によって、日比谷入江の埋め立て、川の付け替えなどが行われますが…。

　地図の中の江戸城に、水路で水を引き込むとして、その流路を予想して書いてみましょう。

　実は、それがほぼ、玉川上水の流路になります。

　　※多摩川は、この地図のさらに下部（南）を流れています。

さて、みなさんできましたか？正解は

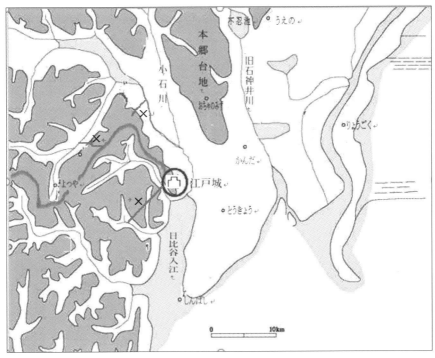

　地図中、白い部分、つまり川が流れている部分は、低地、ここでは谷であり、網掛け部分が台地になっています。当然、その台地を削って川は流れているので、この範囲で、川から水路を引くことはできません。地図中に×をつけたルートは、水が谷から崖を高い方に登ることになっています。したがって、答えは一つだけ、台地の尾根線を結んだ線となり、もっと上流まで遡って、川から取水することになるのです。

　そこで、この正解を見直すと、このルートがそっくりそのまま玉川上水の流路となっています。つまり、玉川上水は、唯一江戸城内に引水できる用水路なのです。

　また、現在は、「よつや」のところの谷は、外堀となってつながっています。これは、徳川家康が2つの川を江戸城の外堀としてつなげたもので、この部分や「おちゃのみず」で本郷台地を削って、平川を神田に流す伊達堀（これで平川は

神田川になったのです）は、大名普請で作られました。そのため、四谷大木戸で地下にもぐった玉川上水は、四谷見附（現在のJR四ッ谷駅）のところを掛け樋（橋）で谷を越えていました。

5　神田川フィールドワーク

　さて、こうした水路は、規模や作られた時代、その目的などは違っても、あちこちに見られます。それぞれが自分の地域で水路を見つけ、それを中心に授業をつくることが可能です。

　このブックレットに掲載されている歴史連続講座は、早稲田大学を会場に行われました。実は、その早稲田大学のすぐ近くにも江戸時代を代表する水路があるので、ここからはフィールドワークに出てみましょう。と言っても、会場との往復を含めて約1時間のミニフィールドワークです。

早稲田大学　大隈講堂

　早稲田大学を出て、北に歩き、新目白通りを越えると神田川に出ます。

　さぁ、ここで質問です。目の前を流れているこの神田川は、自然の川でしょうか、それとも人工の水路でしょうか？　もちろん、今は3面をコンクリで固められた都市河川ですが、そのことを「人工の」と言っているわけではありません。もともとこの水路は自然河川なのか、用水路なのか。

　実は、川と用水路を簡単に見分けるこつがあるのです。それは…。

　坂を下っていって、一番低いところを流れていれば、それは、まず川（自然河川）です。逆に、坂を登ったところや、坂の途中に流れがあれば、それ

神田川

は間違いなく用水路です。

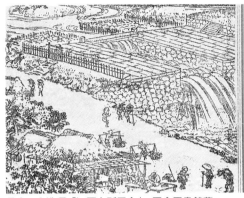

目白下大洗堰 「江戸名所図会」 国会図書館蔵

　何度も言いますが、水は高いところから低いところに流れますから、地形的に
は一番低くなっている谷を流れるのです。また、そこを流れることで周りを侵食
し谷をつくってもゆきます。逆に人工の水路はその川の水を何とかちょっとでも
高いところで利用しようとするのですから、坂の上や坂の途中に無理やり引くこ
とが多いのです。

　この日は、早稲田大学から新目白通りに向か
ってゆるやかに坂を下り、神田川に出ると、川
の向こう岸は目白台の崖ですから、ここは谷。
つまり、神田川は自然河川です。私たちが歩い
てきた傾斜のゆるやかな大学周辺の土地は、早
稲田田んぼだったところです。

　でも、神田川は、神田上水で、江戸幕府がい
ろいろに付け替えた人工の水路では？　そうで
す。神田上水は、江戸に入った徳川家康が、
1590年、大久保忠行に命じて引かせたとされ
るもっとも初期の上水道として知られます。水
源は、井の頭池（善福寺池、妙正寺池）で、旧
平川を開削して、流路を変え、外堀に流し、神

神田川と早稲田田んぼ
歌川広重 「名所江戸百景」
国会図書館蔵

田から隅田川に流れています。だから人工の水路では…　。

　ただ、この神田川は、地形的に見て、ここ早稲田までは谷を流れていますから自然河川と言っていい、もちろん流量を安定させるためなどに流路をさらったりはしているでしょうが。

　ところが、神田川をそのまま流したのでは、今私たちが立っている面、そしてそこに続いてゆくであろう江戸の町では水が使えません。河床からの高低差は10m近い。川は、一番低い谷を流れていますから、そこまで下りて水を汲まねばならない、それでは大変です。

　そこで、この大滝橋のあたりにとても重要な施設があったのです。それが、関口大洗堰、神田川の水を大きな石積みで堰き止め水位を上げて、脇の高い部分に掘られた用水路に流したのです。

大洗堰があったあたりの神田川

保存されている取水口の石柱

　この用水路こそが本来の神田上水、ここで引水された神田上水をしばらく堀割（白堀）で神田川の北を流れ、周辺の町に配水しながら、水戸藩屋敷の後楽園の池の水となり、神田川の本流が流れ込む外堀を水道橋で越えて、江戸市中に引水されたのです。今回は歩きませんでしたが、もう少し西に行って江戸川橋を越えると、北側に巻石通りがあり、そこを神田上水が流れました。巻石通りは等高線

に沿ってゆるやかに曲がっており、文京福祉センターの前には神田上水の白堀の跡も展示されています。写真は巻石通り、石垣の下を神田上水が流れていました。

巻石通り

　ただ、その神田上水で配水可能なのは、ここまでで、江戸市中でも比較的低い部分です。目の前にそびえる目白台の上にはもちろん配水することはできません。でも、参勤交代が始まり、諸国の大名が江戸市中に屋敷を構えだすと、こうした台地の上にも屋敷が広がってゆきます。現に、この直ぐ脇の目白台にも肥後細川家の屋敷ができ、今はそこが公園にもなっています。

　その台地の上にも配水しようとしたのが玉川上水なのです。

新江戸川公園で

　今回の講座、ミニフィールドワーク、いかがだったでしょうか。どなたの地元にも川や用水路はあるはずです。それを歩き、調べてみることで、いろいろなことが見えてくると思います。

（元公立中学校教員）

＊　2019年1月に行われた子どもと学ぶ歴史教科書の会（学ぶ会）の歴史連続講座 第2回「地域を歩く」をベースに書きました。

「ともに学ぶ人間の歴史」授業ブックレット

編集・発行／学び舎
Ａ５判・64ページ
定価／本体700円＋税
注文・問い合わせ／学び舎

No.1

授業ブックレット創刊にあたって

ムギとブタ

働く人びとの姿から学びを広げる

一揆と惣

東学農民戦争からとらえた日清戦争

嘉手納基地を訪ねる

No.2

必ず成功する火おこしの技術

「問いの生まれる授業」をめざして

── 学び舎教科書で学ぶスパルタクスの反乱

教科書を"読む"力を鍛える

── 学び舎教科書の「ヘンダナ」を探そう

中世ってどんな時代？

── 一遍の救済活動を考える

学童疎開

No.3

歴史を学ぶとはどういうことだろう？

── 学び舎教科書を使って考える

町人の台頭

── 図版から読み取る元禄時代

糸を紡いでみよう

ガンディーの非暴力運動を考える

炎の中を逃げまどう

── ゲルニカ・重慶・そして日本本土

No.4

福岡市志賀島出土の金印

米屋を襲う人々

──「幕末江戸市中騒動図」を読む

あなたならどうする？

── ナチのユダヤ人迫害問題を考える

子どもたちの活動と戦後の教育

── 地域教材を取り入れた授業例

No.5

地域を歩く

── 用水路から地域の歴史を考える

黒船と庶民

── 黒船を楽しもう！黒船で儲けよう！

「おっぺけぺ節」と「民権数え歌」

本土決戦体制下の学童疎開

── 子どもたちはどこへ連れていかれたのか

No.6

マゼラン船隊の世界一周

── アジア人からの視点を模索する

朝鮮通信使の授業を構想するために

女性運動の高まりといわれなく殺された人びと

── 絵や記録、証言から1920年代を考える

戦争が遠くなった君たちへ

── 戦時下の模擬家族と現代

編集後記

　『ともに学ぶ人間の歴史』の改訂版が2020年3月、検定に合格した。本書は改訂版で新しく変わったものを紹介する特集号である。しかし、『ともに学ぶ人間の歴史』がめざす教科書への思いはこれまでと変わっていない。同じである。

　鹿野政直さんの「『人びと』から拓く歴史」（歴史学研究　第939号）によれば、「人間の歴史」とは主題が国でなく人間であるという宣言であり、それは人びとを基軸にした歴史叙述となり、まさに「人びとから拓く歴史」をめざしている。人びとの姿が、彼らが生きる歴史の現場が具体的であればあるほど、問いは生まれるだろう。この問いこそ、学びの原点である。

　池上幸豊の白砂糖生産から吉宗と意次の意外な連続性が見える。ジョン万次郎から学ぶ世界史視野での幕末の状況。荒木幸雄や小倉勇から感じる戦争と戦後。卒業証書をもつジャージ姿の卒業生から木碑を書く高校生への写真の変化は、東日本大震災からの歳月を様々な面から考えられるだろう。今回新しく登場したこれらの人びともまた、教室で生き生きと読まれ、語られ、生徒からたくさんの問いが生まれることを願っている。（ふ）

楽しくわかる　深く学べる　『ともに学ぶ人間の歴史』ガイド

2020年5月　　第1刷発行

編　集　　学び舎ブックレット編集部
発行所　　株式会社　学び舎
　　　　　〒190-0022　東京都立川市錦町3-1-3-605
　　　　　電話　042-512-5960　FAX　042-512-5961
　　　　　E-mail: manabisha123@cronos.ocn.ne.jp
表紙デザイン　　株式会社kubotaDesign工房
印刷・製本　　中央精版印刷株式会社

Ⓒ 株式会社学び舎
ISBN 978-4-910092-13-3

問いを生み出す 学び舎 中学歴史教科書

付属 『ともに学ぶ人間の歴史』

●問いを生み出す歴史教科書

●子どもたちの問い
　　－教室の授業風景－

●市民が支え、学ぶ
　　『ともに学ぶ人間の歴史』

●歴史研究・教育研究の立場から

●メディアがとらえた
　　『ともに学ぶ人間の歴史』

2020年5月発売！

☆購入をご希望の方は学び舎に
　ご注文ください。

☆全国の書店・オンライン書店からも
　ご購入いただけます
　　受注代行：太郎次郎社エディタス

発行●学び舎

80頁＋付属・教科書308頁

A4判　フルカラー　箱入

定価●2700円＋税

●授業ブックレット3冊セット　Vol. 1 (No.1-3)／Vol. 2 (No.4-6)も発売中